KB069567

목표 노트 읽기 시험 시간 기억 집중

청소년
램프 학습법
Learning Skills for Adolescents

박동혁 저

학지사

머리말

다음은 공부 스트레스 때문에 상담실에 찾아온 어떤 친구와 나눈 대화 내용입니다.

"공부가 어떤 의미인지 설명해 줄 수 있니?"
"칭찬받는 것이요."
"그럼 최근에 칭찬받은 적이 있니?"
"아니요, 그런 적 없어요. 노력해도 안 돼요. 전 머리가 나쁜가 봐요."

눈물이 그렁그렁 맺힌 채 고개를 떨군 모습을 보며 상담자로서 또 부모로서 깊은 연민의 마음을 느꼈습니다. 언제부터 공부가 이렇게 괴로운 일이 되었을까요?

최근 조사 결과에 따르면 청소년들이 하루 공부에 사용하는 시간이 평균 10시간 이상이라고 합니다. 학교 수업, 학원, 이런저런 숙제를 모두 포함해서 말이지요. 모두가 정말 열심히 하고 있습니다.

사람들은 '최선을 다하자! 노력하자!'라는 말을 자주 합니다. 그런데 '최선' '노력'이라는 것은 도대체 무엇을 의미하는 걸까요? 무조건 결과가 나올 때까지 열심히 하는 것일까요?

같은 양과 질의 식재료라도 어떤 요리사가 조리했는지에 따라 맛이 달라집니다. 비슷한 조건에서 비슷한 지능을 가진 사람이 공부해도 '어떻게' 했는지에 따라 그 결과는 달라집니다.

효과적인 공부를 위해 필요한 것은 올바른 공부 습관입니다. 분명히 훨씬 효과적이고 도움이 되는 방법은 존재합니다. 원래 이런 방법들은 어릴 때부터 이런저런 방법으로 공부하면서 서서히 터득해 나가는 것입니다.

하지만 사교육에만 의지하고 누군가의 강요로 억지 공부만 했던 경우라면 이런 효과적인 요령과 방법을 터득하는 것은 어려운 일이지요.

스스로 목표 의식을 갖고 계획도 세우고 요령껏 공부하는 것을 '자기주도학습'이라고
부릅니다.

이 책은 공부를 효과적으로 할 수 있는 다양한 주도적 방법을 공부의 흐름에 맞게 정
리한 것입니다. 이 내용들은 일부 뛰어난 사람의 개인적 경험담이 아니라 심리학적으로
확인된 내용들이며, 누구라도 연습하면 자신의 것으로 만들 수 있는 방법들입니다.

이 책은 MLST 검사 결과에 따라 자신이 약점이라고 생각되는 부분을 집중적으로 살
펴봐도 좋고, 순서대로 살펴보면서 하나씩 적용해도 좋습니다. 처음부터 잘 되지 않더
라도 인내심을 갖고 꾸준히 연습하면 어느새 행복하고 즐겁게 공부하는 자신의 모습을
발견하게 되리라 기대합니다.

늘 한결같은 모습으로 곁을 지켜 주는 아내와 하늘이 주신 선물과 같은 하람이와 신
희에게 사랑과 고마운 마음을 전합니다.

2017년
심리학자 박동혁

차례
Contents

기억

동기

시간 관리

시험

집중

기억의 한계를 이기는, 노트필기

운동을 열심히 한 사람에겐 균형 잡힌 몸매와 탄탄한 근육이라는 흔적이 남는단다. 이처럼 수업도 집중해서 열심히 듣고 나면 눈에 띄는 '증거'가 남게 되는데, 그게 바로 '노트'란다. 노트필기를 반드시 해야 하는 첫 번째 이유는 우리의 기억에는 한계가 있기 때문이야. 정말 신나고 재미있는 영화를 완전히 푹 빠질 정도로 집중해서 본적이 있을 거야. 하지만 하루만 지나도 영화의 정확한 스토리를 그대로 기억하는 것은 어렵단다. 이와 같이 내가 아무리 열심히 들은 수업 내용도 며칠만 지나면 잊어버리는 부분이 더 많은 것은 당연한 현상이야. 우리의 뇌는 정말 중요한 정보를 반드시 여러 번 반복해서 볼 때에만 기억하도록 만들어져 있어. 노트필기는 우리의 뇌가 중요한 정보를 반복해서 되뇌이면서 오래 기억하게 도움을 줘.

> 수업 내용을 모두 기억할 수 없기 때문에 기록을 남길 필요가 있어.

> 노트 필기는 시험 기간에 나만의 참고서가 되어 줘.

특히, 학교 시험을 대비하는 것이 목적이라면 수업 시간에 선생님에게 배운 내용이 잘 노트필기되어 있어야 해. 그래서 공부를 잘하는 사람들은 자신만의 노트정리법이 있고, 시험을 대비해서 노트를 적극적으로 활용한단다. 노트필기를 하는 것은 기억을 위해서만 필요한 것이 아니라 수업 시간의 집중을 위해서도 중요한 일이야. 노트필기를 제대로 하려면 수업에서 다루는 내용을 꼼꼼히 기록해야 해. 게다가 그중에서 중요한 내용을 따로 표시해야 하기 때문에 수업 중에 집중력을 높여 주는 효과도 있거든. 이렇게 만든 노트는 특히 시험 때 그 빛을 발한단다. 적어도 학교에서 보는 시험은 선생님이 문제를 출제하기 때문에 선생님이 강조한 내용을 잘 표시해 놓으면 시험공부를 할 때 최고의 참고서가 되어 줄 거야. 수업을 게을리한 사람들은 무엇이 시험에 나올 만한 것인지 알 수 없기 때문에 교과서나 참고서를 전부 다 공부해야 하니까 시간이 더 많이 걸리겠지?

잘 배워 보자 코넬 노트법

그럼 어떻게 해야 좋은 노트를 만들 수 있을지 배워 보자. 현재까지 알려진 가장 효과적인 노트필기 방법은 '코넬 노트법'이라고 알려져 있어. '노트법'이라고 해서 뭐 대단한 것 같지만, 몇 번만 연습하면 자신의 것으로 만들 수 있는 간단한 방법이란다. 우리가 평소에 쓰던 노트에서 몇 가지 원리만 적용하면 사용할 수 있어. 다음 그림은 가장 기본적인 코넬 노트 양식이야.

핵심 내용 칸	수업 내용 정리 칸

오른쪽의 넓은 칸은 '**수업 내용 정리 칸**'이라고 부르고, 왼쪽의 좁은 칸은 '**핵심 내용 칸**'이라고 불러. 가끔 "이거 어디서 팔아요?"라고 질문하는 친구들도 있는데, 그냥 자기가 쓰던 노트 왼쪽 부분에 자를 대고 3~4cm 정도의 선을 그어 주면 만들 수 있단다.

개요 번호

개요 번호란 교과서의 앞부분에 나오는 목차와 같이 큰 제목과 작은 제목을 구분할 수 있는 번호를 의미합니다. 보통 가장 큰 제목(단원 제목)의 경우는 Ⅰ,Ⅱ, Ⅲ과 같은 로마 숫자를 사용하고 그 다음부터는 제목의 크기에 따라 1, 1), (1), ① 과 같은 순서로 번호를 붙여 나갑니다.

'**수업 내용 정리 칸**'은 수업 시간에 선생님이 적어 주시는 내용이나 설명해 주시는 내용을 받아 적기 위한 곳이야. 평소에 하던 노트필기 방법과는 몇 가지 다른 요령이 필요해. 첫 번째는 **개요 번호**를 적어야 한다는 것이야. 개요번호란 교과서의 앞부분에 나오는 목차와 같이 큰 제목과 작은 제목을 구분할 수 있는 번호를 의미하지. 보통 가장 큰 제목(단원 제목)의 경우는 I, II, III과 같은 로마 숫자를 사용하고 그 다음부터는 제목의 크기에 따라 1, 1), (1), ① 과 같은 순서로 번호를 붙여 나간단다. 개요번호를 적는 이유는 무엇이 더 큰 개념이고 무엇이 거기에 붙어 있는 작은 개념인지를 한 눈에 확인하기 위해서야. 큰 제목 아래에 쓰는 작은 제목은 '들여쓰기'를 하면 훨씬 눈에 잘 들어온단다. 좀 귀찮아도 노트를 할 때 개요번호와 들여쓰기를 해 놓으면 '다음 중 ~의 특징에 해당되는 것은?'과 같이 개념의 순서를 물어보는 문제에 강해진단다.

'**수업 내용 정리 칸**'을 적을 때 필요한 두 번째 요령은 중요한 것을 따로 표시하는 거야. 아마 자기 나름대로 선생님이 강조한 내용을 표시하는 방법이 있을 텐데, 보통 특정한 색을 사용하거나 밑줄을 치거나 ☆ 표시 등을 많이 사용해. 어떤 방법을 써도 좋지만 거기에는 분명한 규칙이 있어야 한단다. 너무 많은 색깔을 사용하거나 예쁘게 만들려고 너무 많은 기호로 표시하면 나중에 진짜 중요한 게 무엇인지 확인하기 힘들어질 수 있거든. 예를 들어, ☆표만 사용해도 별 하나는 '중요', 별 두 개는 '매우 중요', 별 세 개는 '반드시 시험에 나옴'과 같은 규칙만 정하면 아주 요긴하게 표시할 수 있단다. 색깔펜을 사용할 때에도 노란색은 '중요', 파란색은 '매우 중요', 빨간색은 '반드시 시험에 나옴'과 같은 자신만의 규칙을 잊지 말아야 해. 이제까지 설명한 요령을 가지고 '수업 내용 정리 칸'에 필기하면 대략 다음과 같이 될 수 있어.

핵심 내용 칸	수업 내용 정리 칸
	1. 세계화
	① 경제의 세계화: 자본 그 자체를 기본 단위로 하는
	세계 경제★★의 출현.
	⇨ 세계 경제 구성단위를 통합 및 **다국적 기업**★을 확대
	② 정치의 세계화: 국내 정치와 국제 정치의 구분 없음
	⇨ 국가가 자족적인 단위가 아니라, 세계적 규모의 한
	부분이 됨(**국제/민간 기구 및 기업의 역할**★이 커짐)
	③ 문화의 세계화: 다양하고 **이질적인 문화의 공존**★★★
	⇨ 세계의 문화의 다양성을 인정 및 서로 영향을 주고받음
	(가장 지역적인 것이 가장 세계적인 것)

짧은 예시이기는 하지만, 전체적인 수업 내용은 물론이고 무엇이 중요한 것인지 금방 확인할 수 있단다. 이 정도만 필기가 되어도 잘한 것이지만 왼쪽에 있는 '핵심 내용 칸'까지 활용하면 최고의 노트로 만들 수 있어. 여기에는 '수업 내용 정리 칸'에 기록한 내용 중 가장 핵심적인 것만 골라서 옮겨 적는 것인데, 보다시피 칸이 작기 때문에 많은 내용을 적을 필요는 없어. 때로 무엇이 '핵심내용'인지 찾기 어려울 때도 있는데, 그럴 때는 개념이나 내용의 제목을 옮겨 적어도 된단다. '핵심'을 찾을 수 있는 또 한 가지 방법은 시험 문제로 바꾼다면 나올 만한 것이 무엇인지 생각해 보는 거야. 앞의 예시에서 '세계화의 세 가지 특징은 무엇인가?' 혹은 '정치의 세계화에 대해 설명해 보시오.'와 같은 문제를 낼 수 있겠지? 그렇다면 '세계화의 세 가지 특징'이나 '정치의 세계화'와 같은 말이 핵심어가 될 수 있는 거야. 그럼, 완전한 모양의 노트 예시를 확인해 보자.

핵심 내용 칸	수업 내용 정리 칸
세계화의 세 가지 특징	1. 세계화
1. 경제의 세계화	① **경제의 세계화:** 자본 그 자체를 기본 단위로 하는
	세계 경제★★의 출현
	⇨ 세계 경제 구성단위를 통합 및 **다국적 기업**★을 확대.
2. 정치의 세계화	② **정치의 세계화:** 국내 정치와 국제 정치의 구분 없음.
	⇨ 국가가 자족적인 단위가 아니라, 세계적 규모의 한
	부분이 됨(**국제/민간 기구 및 기업의 역할**★이 커짐)
3. 문화의 세계화	③ **문화의 세계화:** 다양하고 **이질적인 문화의 공존**★★★
	⇨ 세계의 문화의 다양성을 인정 및 서로 영향을 주고받음
	(가장 지역적인 것이 가장 세계적인 것)

노트를 가리고 공부한 걸 복습해

'핵심 내용'의 경우 수업을 듣는 동안에 잘 구분할 수 없으면 수업이 끝난 후에 쉬는 시간을 이용해서 옮겨 적는 것도 좋은 방법이야. 자, 여기까지 할 수 있다면 정말 노트 필기에 대해서는 따라올 친구가 없을 것 같네. 하지만 이렇게 애써서 노트를 만드는 진짜 이유는 이 노트의 활용 방법 때문이란다. 코넬 노트의 진짜 강점은 복습을 쉽고 간단하게 할 수 있다는 것이야. 앞에서 설명한 요령대로만 노트를 만들었다면 한 시간 수업 내용을 10분 이내에 복습을 할 수 있단다. 먼저 복습은 수업을 들은 그 날을 넘기면 안 된다는 점을 명심하길 바랄게. 처음에 설명했듯이 아무리 집중해서 들은 내용도 하루를 넘기면 50% 이하로 기억이 줄어들기 때문에 하루가 지나기 전에 복습을 끝내야 짧은 시간 안에 좋은 효과를 볼 수 있단다. 복습의 방법은 아주 간단해. 집에 돌아와서 노트를 펼치고 종이 한 장을 꺼내서 '수업 내용 정리 칸'을 가리는 것이 요령이야. 그럼 다음과 같은 모습이 되겠지?

빨간 펜과 공부

노트 필기를 하다 보면 나름대로 중요한 것을 구별하기 위해서 색깔 펜을 많이 쓰게 됩니다. 그런데 대개의 사람들이 제일 중요하거나 잊어버리기 쉬운 부분은 빨간색으로 표시할 때가 많지요. 빨간색은 인체 내에 흐르는 피의 색과 같아 인류가 최초로 의식한 색이라는 설이 있답니다. 외향적인 사람이 선호하는 빨간색은 소심증과 우울증 치료에도 이용된다고 해요. 생명의 상징이기도 하지만 동시에 자극을 유발시키기 때문이지요. 우리가 무의식중에 중요한 부분에 빨간 펜으로 동그라미나 별을 그리는 이유도 바로 이 때문 아닐까요?

핵심 내용 칸	
세계화의 세 가지 특징	
1. 경제의 세계화	
2. 정치의 세계화	
3. 문화의 세계화	

'수업 내용 정리 칸'을 가렸으면 보이는 것은 '핵심 내용 칸'뿐이란다. 이렇게 되면 자연스럽게 다음과 같은 질문이 떠오르게 되지. '세계화의 세 가지 특징이 뭐였더라?' '경제의 세계화는 무슨 뜻이었지?' 이런 자연스러운 질문에 대답을 할 수 있다면 그날 배운 내용을 잘 기억하고 있는 것이지. 만일 내용이 떠오르지 않는다면? 그렇다면 먼저 최대한 기억해 내려고 노력을 해 본 다음 그래도 안 되면 가렸던 부분을 치우고 다시 한 번 내용을 확인하는 거야.

이미 수업 시간에 열심히 들었기 때문에 이런 복습에서 해야 할 일은 단지 기억나지 않는 일부분에 대한 확인 정도란다. 그래서 그날 안에만 한다면 시간이 10분을 넘지 않는 거야. 모든 과목을 이렇게 복습하는 것이 부담스럽다면 평소에 자신 없는 과목 몇 개에만 적용해도 괜찮아. 이렇게 평소 공부를 해 놓으면 시험 때가 되어도 별로 부담을 느끼지 않는다는 것을 알게 될 거야.

노트필기를 하지 않는 수업시간도 있지? 예를 들어, 프린트물로 노트를 대신하거나 선생님이 판서를 해 주지 않는 경우인데, 이럴 때도 코넬 노트의 원리를 활용할 수 있어. 수업을 듣는 도중에 프린트물이나 교과서에서 중요한 부분에 표시를 하고 왼쪽이나 오른쪽의 빈 공간을 이용해서 핵심 단어를 적는 것이지. 모양은 달라도 '복습'을 할 때 앞에서 설명한 것과 똑같은 방법을 적용할 수 있단다. 좋은 노트는 공부를 잘하는 학생의 가장 큰 특징인 만큼, 내일부터는 꼭 한두 과목만이라도 꼼꼼하게 노트필기를 하길 바랄게.

심리학 상식 – "기억도 그냥 두면 상해요"

음식을 제대로 보관하지 않고 오랫동안 그냥 두면 원래의 맛과 향이 사라지고 상하게 됩니다. 그런데, 음식만 상하는 게 아닙니다. 사람의 기억도 그렇게 될 수 있습니다. 기억이 상한다는 표현은 좀 어색한데, 보다 정확하게 얘기하면 기억은 시간이 지나면 '왜곡' 됩니다.

대학생들에게 수업 시간에 다음과 같은 이야기를 들려주었습니다. "하인츠라는 남자가 불치병에 걸린 아내를 치료하기 위해 치료약을 찾으러 백방으로 다녔다. 마침 한 약사가 그 병을 치료할 수 있는 약을 가지고 있다는 것을 알게 되었는데, 그는 파렴치하게도 다른 약보다 수십배 높은 가격으로 그 약을 판매하고 있었다. 하인츠가 가진 돈으로는 도저히 살 수 없는 가격이었기 때문에 나중에라도 갚겠다고 사정을 했지만 들어주지 않았다. 하인츠는 절망감에 빠졌고, 한밤중에 몰래 약국 문을 부수고 들어가 약을 훔치고 말았다."

이 이야기를 들려준 다음 한 달이 지난 후, 다음과 같은 문제를 냈습니다. "하인츠의 이야기를 요약해서 쓰고 그의 행동이 과연 정당한 것인지 판단해 보세요."

비교적 정확히 이 이야기를 기억해서 쓴 학생들은 죽어 가는 아내를 살리기 위한 하인츠의 노력에 초점을 맞추어 그의 행동이 정당하다는 주장을 펼쳤습니다. 하지만 일부 학생들은 너무나도 엉뚱하게 스토리를 기억하고 있었습니다. '하인츠가 약을 훔치기 위해 약사를 살해했다.' '약 살 돈을 구하기 위해 은행을 털었던 것 같다.' '결국 약을 구하지 못해 아내가 죽고 말았다.' 등 원래의 내용과는 거리가 먼 왜곡된 기억을 가지고 있었습니다. 하인츠의 딱한 사정을 제대로 기억하지 못했기 때문에 그의 행동에 대해서도 '부도덕하고 잘못된' 것으로 판단하게 되었습니다.

기억을 왜곡했던 학생들의 공통점은 그 내용을 시험 때까지 다시 확인하지 않았던 것이었습니다. 그 이야기를 들으면서 들었던 느낌이나 연상된 내용, 그리고 한 달 동안 생활하면서 겪었던 많은 일들이 마치 곰팡이처럼 원래의 기억에 내려앉아 엉뚱한 방식으로 기억하게 만들었던 것입니다.

이런 기억의 왜곡은 아주 쉽게 만들 수 있습니다. 예를 들어, 친구에게 "오늘 점심에 급식으로 소시지 나왔었지?"라는 질문을 합니다. 실제로는 생선이 나왔었기 때문에 그 친구는 "아니, 생선이었던 것 같은데."라고 대답을 했습니다. 하지만 또 물어봅니다. "정말이야? 소시지 나왔던 것 같은데, 소시지 아닌가? 난 소시지가 좋은데."라고 말합니다. 그리고 일주일 정도 시간이 지난 다음, 다시 물어봅니다. "저번 주 월요일 급식에 소시지 나왔었지?"

아주 중요한 일이 아닌 경우, 사람들은 대충의 기억만 만들어 놓습니다. 그리고 잊어버립니다. 매일 먹는 급식 반찬을 외우는 사람은 없기 때문에 대충 기억하게 되는데, 대화의 내용에서 '소시지'를 반복해서 듣게 되면 결국 더 기억나는 것은 소시지가 됩니다. 그래서, 실제의 대답도 '잘 기억 안 나지만 그랬던 것 같다.'고 가짜 기억이 만들어질 수도 있습니다. 특히, 혼란스러운 상황일수록 기억은 더 잘 왜곡됩니다. 강도를 만났거나 교통사고를 당해서 너무나 놀라게 되면 당시의 기억에 혼란이 생깁니다. 이런 상태에서 "그 강도는 키가 작았지요?"라는 경찰의 질문을 받게 되면 실제로 그렇지 않았어도 나중에 피의자 중에 키가 작은 사람을 지목할 수 있습니다. 좀 어려운 말로 '유도 심문'이라고 부르는데 이런 질문은 기억을 왜곡시킬 수 있기 때문에 법적인 상황에서는 금지되어 있습니다.

이런 기억의 왜곡이 시험 때도 자주 일어납니다. 처음에 아예 잘못 이해해서 기억한 것일 수도 있지만, 복습을 하지 않아 기억의 정확도가 떨어지는 경우가 대부분입니다. 정확한 기억이 있으려면 정확한 기록이 있어야 합니다. 오늘부터는 기억이 상하지 않도록 노트필기라는 방부제를 열심히 사용해 보면 어떨까요?

02
책읽기 기술

책을 잘 읽는다는 것은 무슨 뜻일까

공부를 하는 동안에 우리가 가장 많이 하는 행동은 책을 읽는 것이겠지? 책을 읽는다는 것은 그 안에 담겨 있는 지식들을 이해하고 생각하고 기억하기 위한 과정을 말하는 것이란다. 우리 친구들은 책을 잘 읽는 사람인지 한 번 생각해 보자. '잘' 읽는다는 것은 '많이' 읽는다는 것과는 좀 다른 얘기야. 그것이 어떤 것을 말하는 것인지는 나중에 자세히 생각해 보도록 하자. 먼저 여러분의 책읽기에 대한 평소의 생각을 퀴즈로 점검해 보도록 할게. 다음은 책읽기에 대한 우리 친구들의 생각들이야. 이 중에는 맞는 것도 있고, 틀린 것도 있단다. 하나씩 읽고 맞는 것인지, 틀린 것인지 답해 보렴.

'책을 읽을 때는 한 단어도 빠뜨리지 않고 꼼꼼하게 읽어야 제대로 이해할 수 있다.'
'제대로 읽는다면 한 번만 봐도 충분하다.'
'책을 잘 읽는 사람은 책을 빨리 읽는 사람이다.'
'책을 잘 읽지 못하는 것은 머리가 나쁘거나 눈이 안 좋기 때문이다.'
'내용을 잘 기억하려면 최대한 많이 반복해서 읽는 것이 좋다.'
'책을 잘 읽는 사람은 책을 깨끗이 사용한다.'
'읽은 내용을 깊이 이해하는 것은 본문을 통째로 외웠기 때문이다.'

> 책 읽기란 책에 있는 모든 글자를 읽고 외워야 하는 기계적이고 지루한 작업이 아니야. 책에 있는 중요한 내용을 찾아서 나만의 지식을 만드는 적극적이고 창의적인 작업이지. 그러한 재미를 알게 되면 책 읽기를 두려워하지 않고 즐거워할 수 있어.

우리 친구들이 이제까지 살아오면서 책은 많이 읽어 봤겠지만, 사실 책읽기에 대해 오해하고 있는 부분이 많이 있는 것 같아. 잘못 알고 있는 만큼 책읽기를 잘못할 가능성이 크기 때문에 다시 한 번 곰곰이 생각해 볼 필요가 있어. 앞에 있는 퀴즈의 정답은 모두 '아니요'란다. 몇 개나 맞혔을까? 맞히고 못 맞히고는 별로 중요한 게 아니고, 그 이유가 무엇인지 지금부터 생각해 보자.

책은 읽는 목적과 그 종류가 매우 다양하기 때문에, 모든 책을 같은 방식으로 읽을 필요는 없단다. 만화책이나 잡지를 보는데 굳이 한 글자도 빼놓지 않고 봐야 이해가 되는 것은 아니겠지? 물론, 자신이 너무 좋아하는 내용이라면 저절로 그렇게 보겠지만 그냥 흥미 차원에서 보게 되는 책은 대충 훑어봐도 이야기의 흐름이나 줄거리에 대해서 충분히 이해할 수 있는 것이지. 공부에 관련된 책들(교과서나 참고서)도 중요한 부분과 그렇지 않은 부분이 있기 때문에 많은 시간을 투자해서 모든 내용을 다 읽을 필요는 없단다.

책을 읽는 보다 근본적인 목적은 내가 모르던 것을 읽고 이해하고, 내 것으로 만드는 것이야. 그렇기 때문에, 글자를 빨리 읽는(보는) 능력이 중요하다거나 딱 한 번만 봐도 충분하다는 생각은 잘못된 것이란다. 중요한 것은 빨리 읽는 것이 아니라 깊이 이해하는 것이며, 한 번에 이해되지 않으면 여러 번 반복해서 읽는 것이지.

어려운 과목이나 전문적인 지식을 다루고 있는 책의 경우는 많은 내용이 담겨 있기 때문에, 한 번만 읽고 이해하고 기억하는 것은 불가능해. 하지만 그렇다고 언제까지나 처음부터 끝까지 반복해서 읽을 수도 없는 노릇이겠지. 그래서 읽을 때마다 중요하거나 미처 이해되지 않는 부분은 따로 표시를 할 필요가 있는 거야. 그런 표시들이 없으면 매번 처음부터 중요하지 않은 내용까지 다 읽어야 하기 때문에 너무 많은 시간이 걸린단다. 책이 너무 깨끗하거나, 엉뚱한 낙서만 가득하다면 공부를 못하는 사람의 것임이 틀림없어. 중요한 내용을 중심으로 잘 표시되어 있는 책의 주인은 틀림없이 책을 잘 읽는 사람이야.

이렇듯 책을 읽는 것은 일종의 전략과 기술이기 때문에 머리가 좋거나 눈이 좋은 것과는 별 상관이 없어. 그리고 공부 잘하는 사람이 책을 통째로 외우는 것처럼 보이지만, 사실은 중요한 내용을 위주로 정리해 가며 깊이 이해하고 적당하게 반복해서 읽는 것이란다.

그럼, 어떻게 해야 잘 읽을 수 있을까?

자, 책읽기에 대한 친구들의 오해가 좀 풀렸을지? 그럼 지금부터는 책을 잘 읽을 수 있는 방법에 대해 생각해 볼까? 이해를 돕기 위해 먼저 간단한 비유를 하나 생각해 보자. 집을 짓기 위해서는 어떤 단계가 필요할지 생각해 보는 거야. 집을 직접 지어 본 사람은 없겠지만, 공사 현장을 지나거나 TV를 통해 본 적이 있을 텐데, 집을 짓기 위해서는 첫 단계로 지반을 다지고 토대를 만드는 기초공사를 해야 해. 그다음에는 기둥과 뼈대를 튼튼하게 세우고 사방에 벽을 만들지. 그리고 마지막으로 지붕을 올리고 다른 필요한 것들을 집 안팎으로 채워 간단다.

책을 읽는 것도 이런 단계가 있어. 처음부터 덜컥 본문을 읽는다고 책 내용이 잘 이해되는 것이 아니야. 마치 뼈대를 세우기도 전에 벽을 쌓아 올리면 작은 충격에도 금방 허물어지고 마는 것과 같은 것이지. 책을 읽는 효과적인 방법과 절차는 다음과 같아.

〈1단계〉 본문을 읽기 전에 해야 할 일
① 저자가 이 책을 쓴 목적, 내가 이 책을 읽는 목적은?
② 책에서 다루고 있는 기본적인 주제와 전체적인 내용은?
③ 나만의 의문점을 만들어 본다.

⬇

〈2단계〉 본문을 읽는 동안 해야 할 일
① 본문 내용의 전체적인 흐름을 이해하며 읽는다.
② 중요한 내용이 무엇인지 찾아보며 읽는다.
③ 스스로 만든 의문점의 답을 찾아본다.

⬇

〈3단계〉 본문을 다 읽은 후 해야 할 일
① 중요한 내용을 중심으로 노트필기를 한다.
② 공부한 내용을 암송해 본다.

좀 더 자세히 살펴보도록 하자. 〈1단계〉 '본문을 읽기 전에 해야 할 일'은 마치 집짓기에서 토대를 다지고 뼈대를 세우는 것과 같아. 먼저, 책의 목적에 대해서 이해해야 그 책을 읽어야 하는 내 자신의 목표가 분명해지는 것이지. 이것은 흔히 책의 맨 앞부분에 있는 '서론'이나 '머리말'을 통해 알 수 있단다. 늘 공부하는 교과서라면 매번 머리말을 읽을 필요는 없지만, 새로 책을 고르거나 처음 접하게 되는 책의 경우라면 '서론'이나 '머리말'을 통해 중요한 정보를 얻을 수 있어. 그다음에는 책에서 다루고 있는 기본적인 주제가 무엇인지 파악함으로써 앞으로 읽

게 될 내용의 뼈대를 세워야 한단다. 본문을 읽기 전에 무엇이 중요한지는 어떻게 알 수 있을까? 가장 손쉬운 방법은 목차를 찬찬히 살펴보는 거야. 목차는 전체 내용의 큰 제목과 작은 제목이 순서대로 정리되어 있기 때문에 책의 기본적인 구성과 중요한 주제가 무엇인지 쉽게 파악할 수 있게 도와주거든. 목차 이외에도, 교과서에는 단원 소개와 단원 목표와 같이 전반적인 내용을 미리 파악 할 수 있도록 도움을 주는 부분들이 많이 있단다.

본문을 읽기 전에 해야 할 마지막 준비는 의문점을 만드는 것이야. 우리가 추리소설이나 〈해리포터 시리즈〉와 같은 책에 빠져드는 것은 그다음 내용이나 결과가 너무나 궁금하기 때문이지. 이러한 의문은 호기심을 일으키고 호기심은 책을 집중해서 읽게 만드는 강력한 동기를 일으킨단다. 비록 그런 소설처럼 재미있지는 않지만, 공부에 관련된 책일지라도 미리 의문점을 찾고 궁금한 점을 확인해 놓으면 더 집중해서 흥미를 가지고 읽을 수 있는 것이지. 의문점을 만들어 내는 가장 손쉬운 방법은 목차에 나오는 제목 옆에 물음표 '?'를 찍어 보는 거야. 예를 들어, 사회 과목에서 'Ⅰ. 인류의 기원과 문명의 발생'이라는 제목을 보게 되었다면 마음속으로 물음표를 찍고, 나름대로의 질문을 만들어 내는 것이지. '기원이라는 말의 뜻이 무엇일까?' '문명은 어디에서 어떻게 시작된 거지?'와 같이 잠시만 생각하면 많은 의문점을 찾아낼 수 있단다. 궁금한 게 많을수록 많은 것을 알 수 있고, 많이 알

수록 궁금한 게 많아진단다.

〈2단계〉 '본문을 읽는 동안 해야 할 일'은 기초와 기둥이 세워진 다음, 집의 몸통인 벽과 지붕 등을 만드는 것에 비유할 수 있어. 책의 저자들은 글을 쓸 때 전체 내용이 잘 연결될 수 있도록 노력하기 때문에 글에는 항상 흐름이 있단다. 그래서 부분적인 내용을 읽으면서도 전체 내용의 흐름이 무엇인지 자주 생각하는 것이 중요하지. 이러한 흐름은 줄거리라고 생각해도 좋아. 만일 본문을 읽은 다음에 부분적인 내용은 대충 생각나지만 전체 줄거리를 말할 수 없다면 책을 제대로 읽었다고 보기 어렵단다. 전체 줄거리를 잘 이해하기 위해서는 핵심적인 내용을 잘 찾아낼 수 있어야 하는데, 이렇게 할 수 있는 방법 중 하나가 각 문단의 핵심어를 찾는 것이야. 문단이란 '글 덩이'라는 뜻으로 책을 펴 보면 들여쓰기로 구분되어 있어. 지금 읽고 있는 이 글도 그런 문단들이 여러 개 모여 있지? 그리고 각 문단은 중요한 주제를 하나씩 담고 있기 때문에 그것을 찾아낸다면 읽은 내용을 잘 이해한 것이란다. 우리 친구들이 지금 읽은 이 문단의 주제는 무엇일까 생각해 보자. 각자 생각이 조금씩 다를 수 있지만, '본문을 제대로 읽을 수 있는 방법'이 지금 내가 쓰고 있는 문단의 핵심이란다. 이렇게 각 문단의 핵심적인 주제를 찾아서 연결시키면 그것이 바로 글의 줄거리가 되는 것이지.

간단한 손목 운동으로
머리를 맑게 하는 법

손목에는 뇌의 활동을 지배하는 경혈이 있어 손목을 자극하면 뇌의 활동이 활발해진다고 해요. 오랫동안 책을 읽다 보니 머리가 지끈거린다고요? 자, 손목을 유연하게, 머리를 맑게 하는 체조를 따라해 보세요.

1. 왼쪽 팔을 쭉 뻗고 손바닥을 앞으로 향하게 한 후, 오른손으로 엄지를 뺀 왼손의 네 손가락을 손목 쪽으로 천천히 꺾고 5초 정도 멈추세요.
2. 이번에는 손가락을 밑으로 향하게 한 후 똑같이 하세요.
3. 오른손도 왼손과 같은 방법으로 해 주세요.

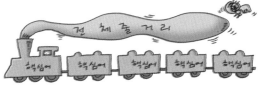

전체줄거리

핵심어 핵심어 핵심어 핵심어 핵심어

비교적 긴 본문의 내용을 읽으면서 집중력을 잃지 않고 중요한 내용을 잘 파악할 수 있는 또 다른 방법은 <1단계>에서 만들었던 의문점에 대한 답을 찾는 것이야. 마치 숨은 그림 찾기를 하듯이 본문에 있는 많은 말들 속에서 내가 가지고 있는 의문점의 답을 찾고 표시해 보는 것이지. 내가 스스로 만들어 낸 의문점의 답을 찾는 순간, 그 내용은 자신의 것이 된단다.

암송이란?

<3단계>'본문을 다 읽은 후 해야 할 일'은 새로 만든 건물이 더 튼튼하고 오래 갈 수 있도록 마무리 공사를 하는 것에 비유할 수 있단다. 사람의 기억에는 한계가 있기 때문에 아무리 집중해서 읽는다 해도 한 번 본 내용을 다 기억할 수는 없단다. 그래서 <2단계>까지 열심히 읽은 내용을 나름대로 정리해서 노트에 요약해 놓거나, 책 위에 표시하고 정리할 필요가 있단다. 이렇게 하면 나중에 다시 볼 때 시간도 절약할 수 있고, 여러 번 보는 것에 대한 부담을 줄일 수 있게 되거든. 특히, 시험을 준비할 때 큰 도움이 된단다. 마지막으로 읽은 내용이 머릿속에 잘 정리되어 있는지를 확인해야 하는데, 가장 확실한 방법은 암송을 하는 것이야. 암송이란 먼저 본문을 집중해서 정독한 후에, 읽은 부분을 가리고, 방금 읽었던 내용을 자신의 말로 중얼중얼 얘기해 보는 것이야. 읽은 내용을 가리고 있기 때문에 기억나는 것과 기억나지 않는 것을 분명하게 구분할 수 있지. 본문의 내용을 앵무새처럼 똑같이 따라할 필요는 없단다. 남들에게 설명하듯이 자신의 말로 풀어서 말할 수 있다면 잘 이해한 것이고, 잘 기억되었다고 볼 수 있어. 만일 잘 생각나지 않는 부분이 있다면 가

린 부분을 치우고 그 부분만 다시 읽어 보면 기억에 큰 도움을 받을 수 있단다.

　책을 잘 읽을 수 있는 능력은 타고 나는 것이 아니야. 비록 처음에는 시간이 많이 걸리고 힘들겠지만, 오늘 배운 책읽기의 세 가지 단계를 꾸준히 적용하고 연습하면 깊은 이해와 기억을 통해 자신도 모르는 사이에 성적도 쑥쑥 올라갈 수 있을 거야. 한 가지만 명심하자! 이런 방법을 아는 것으로는 아무것도 바뀌지 않는단다. 당장 오늘부터 책을 읽을 때 이 방법을 사용하고 실천해야 좋은 공부 습관으로 키워 갈 수 있는 거야.

심리학 상식 – "우리는 두뇌의 10%밖에 활용하지 못하는 것일까?"

19세기의 과학자 윌리엄 제임스는 보통 사람은 뇌의 10%밖에 사용하지 못하며 천재들도 15~25%만을 사용한다고 주장했습니다. 심지어 인류 최고의 천재 아인슈타인조차도 두뇌의 15%밖에 사용하지 못했다고 하니, 만약에 100% 다 활용했다면 그의 이론을 바탕으로 원자폭탄보다 더 무서운 무기가 만들어졌을지도 모를 일이군요. 그런데, 뇌의 활용도에 대한 이런 말들이 사실일까요?

뇌의 무게는 우리 신체의 2%밖에 되지 않지만 우리 신체가 필요로 하는 전체 에너지의 약 20% 정도가 뇌를 통해 소비됩니다. 뇌기능의 그 경이로움을 생각하면 이 정도 에너지의 소모는 그리 놀라운 일도 아니지만, 활용도가 10%도 안 되는 기관을 위해 이렇게 많은 에너지가 쓰이는 것은 좀 낭비가 심하다는 생각도 듭니다.

우리가 뇌의 몇 %를 쓰는지에 대한 주장이 나오게 된 근거는 근대 과학에 이르러 뇌의 해부학적 특징에 대해 이해하기 시작하면서부터입니다. 현미경을 등을 통해 뇌조직을 관찰해 보면 뉴런이라고 불리는 뇌에서 정보처리를 담당하는 신경세포를 볼 수 있습니다. 그런데 초기의 학자들이 뇌를 관찰하면서 뉴런보다 크기도 작고 훨씬 숫자도 많은 어떤 세포들이 존재한다는 것을 알게 되었습니다. 뇌의 90% 정도를 차지하는 것으로 보이는 이 세포는 뉴런에 비해 크기도 작을뿐더러 뉴런의 기능을 하지 못하고 있었기 때문에 이런 세포들은 사용할 수 없는 미성숙한 뉴런으로 생각되게 되었고 그 결과 뇌가 90%가 방치되고 있다는 주장이 나오게 된 것입니다.

하지만 현대에 와서 그 세포들은 아교세포로 불리며 뇌에서 매우 중요한 기능을 하고 있다는 것이 밝혀졌습니다. '아교'는 물건을 붙이거나 고정할 때 사용하는 접착제를 말하는데 이 세포의 기능도 실제로 그러합니다. 뉴런은 뇌 속에서 상하좌우로 연결되어 있기 때문에 이 아교세포가 붙잡아 주지 않으면 그 연결이 단단히 유지될 수 없습니다. 또한 이 아교세포는 뉴런에 영양을 공급하고 노폐물을 청소하는 등 뉴런들이 정보를 주고받는 데 있어서 이미 중요한 역할을 하고 있었던 것이지요. 그런데 그 수가 뉴런의 10배 이상이 되었던 것입니다. 이제 조금 의문이 풀립니다. 우주에서 가장 복잡하고 신비한 기관인 우리 두뇌는 생각보다 훨씬 더 잘 활용되고 있고, 무책임하게 에너지만 낭비하는 기관은 아닌 것이 확실합니다.

그렇다고 현재 우리의 뇌가 최상의 상태라는 뜻은 아닙니다. 뉴런은 많이 사용할수록 그 연결의 정도가 조밀하고 복잡해집니다. 뉴런 간의 연결이 복잡하다는 것은 그만큼 많은 정보를 정교하게 처리할 수 있다는 것입니다. 공부를 게을리하고 머리를 잘 사용하지 않는 사람은 그런 연결이 발달할 수 없습니다. 특히, 나이가 어릴수록 이런 뉴런 간의 연결이 잘 일어나기 때문에 청소년기에 책을 많이 읽고 생각을 많이 하는 사람은 어른이 되어 뛰어난 두뇌를 가질 수 있게 됩니다. 돈은 쓸수록 줄어들지만 뇌는 쓸수록 더 풍성해집니다. 더 많이 사용합시다. 우리의 소중한 두뇌!

03
기억력 향상 방법

꼭 필요할 때 기억은 어디에 있는 걸까?

아무리 열심히 공부해도 공부한 내용이 나중에 기억나지 않는다면 공부의 결과를 확인할 수 있는 시험에서는 별로 도움이 되지 않겠지? 기억에 대해 가장 답답할 때가 언제인지 질문하면 많은 친구들은 시험이라는 결정적인 순간을 많이 얘기하게 되지. 기억 날 듯 말 듯 하다가 결국은 답을 떠올리지 못하는 것도 억울하지만, 그렇게 애써도 생각나지 않던 것이 시험을 치르고 나서야 뜬금없이 생각나면 약이 오르기도 할 거야.

왜 이런 일들이 일어날까? 기억하고자 하는 목적을 가지고 공부했음에도 불구하고 잊어버리는 것이 더 많은 이유는 무엇일까? 혹시 머리가 나빠서일까?

혹시 미술 시간에 찰흙을 가지고 조그만 동상이나 어떤 모양을 만들어 본 적이 있니? 그냥 찰흙으로만 만들면 팔이나 목과 같이 약한 연결 부분이 금방 떨어져 나가고 만단다. 그래서 선생님이 가르쳐 주신 대로 철사로 먼저 '뼈대'를 만들어 놓고 그 위에 살을 붙여 나가면 한결 튼튼하게 모양을 유지할 수 있게 되지. 하지만 여기가 끝이 아니야. 완전히 마르기 전까지는 누군가 조금만 건드려도 모양이 틀어지거나 부서질 수 있기 때문에 충분히 마를 때까지 '시간'이 필요해. 시간이 흘러 일단 단단히 굳고 나면 원래의 모양이 오랫동안 잘 유지될 수 있어. 하지만 또 한 가지 신경 써야 할 것이 있는데, 그냥 말리면 수분이

> "
> 분명히 봤던
> 것이 기억나지
> 않는 것은 머리가
> 나빠서가 아니라
> 당연한 결과야.
> 기억이 어떻게
> 만들어지는가를 알고
> 그것을 이용하면
> 우리 머릿속에 저장된
> 정보가 사라지는 걸
> 막을 수 있어.
> "

날아가면서 간혹 여기저기 갈라진 '틈'이 생기게 되거든. 그럴 때는 갈라지는 부분이 있는지 확인하고 남은 재료를 이용해 잘 메워 줘야 비로소 원하는 모습의 작품이 완성된단다.

기억은 앞에서 방금 설명한 찰흙 공예와 아주 비슷한 면이 있어. 먼저 좋은 재료(찰흙)가 있어야 하고, 그런 다음에는 튼튼한 뼈대를 만들어 줘야 하고, 마르는 동안 갈라진 틈은 없는지 확인하면서 단단히 마를 때까지 충분한 시간이 필요한 것이지. 기억에도 공부할 재료가 필요하고, 기억의 뼈대를 만들기 위해 개요를 이해해야 하며, 한 번에 외워지는 것이 아니기 때문에 일정한 시간을 두고 공부해야 한단다. 그리고 혹시 잊어버린 기억의 틈은 없는지 간간히 확인하면서 복습을 해야 비로소 기억하고자 하는 전체 내용을 오랫동안 단단하게 머릿속에 간직할 수 있게 되는 것이지.

이런 과정을 거쳐야만 완전한 기억이 만들어지는 이유는 사람의 기억에 타고난 한계가 있기 때문이야. 어떤 한계가 있는 것인지 한 번 확인해 볼까? 지금부터 10초 동안 다음의 숫자를 읽어 본 후, 종이를 한 장 꺼내서 기억한 내용을 적어 보자.

65829486 1373956

다 썼니? 그럼, 이번에는 30분 정도 시간이 지난 다음 (30분 후가 몇 시인지 지금 확인해 보자), 아까 외운 숫자를 다른 종이에 적어 보자.

아마, 첫 번째 시도에서는 어느 정도 기억이 났겠지만 (다는 아니어도), 두 번째에서는 별로 기억나는 것이 없을 거야.

틀림없이 외우기 위해 눈으로 확인한 내용이고 읽는 동안 머릿속에 기억되었을 텐데, 시간이 조금만 지나면 어디론가 사라져 버린다는 것을 알 수 있어. 지금처럼 방금 본 내용이 잠시 동안 기억되는 현상을 단기기억이라고 해. 단기기억은 쉽게 말해서 '짧고 작은 기억'으로 기억 용량(외울 수 있는 크기)은 5~9개 정도에 지나지 않고, 기억되는 시간도 몇 초에서 몇 분 정도에 그치는 약한 기억이란다. 친구들이 지금 읽고 있는 내용들도 사실은 단기기억에 해당하며, 기억하기 위한 '특별한' 노력을 기울이지 않으면 책을 덮는 순간부터 대부분의 내용이 사라지게 되지.

'그럼 어쩌지? 이렇게 쉽게 잊어버린다면 도대체 공부는 어떻게 한단 말이야?' 하지만 다행히도 우리는 또 하나의 기억 시스템을 가지고 있단다. 이것은 앞에서 설명한 단기기억과 달리 거의 무한한 용량을 가지고 있고, 기억의 기간도 거의 평생 동안 유지될 만큼 길어. 이 놀라운 기억 시스템을 '장기기억'이라고 불러.

36587948613

단기 기억이란?

단기 기억은 쉽게 말해서 '짧고 작은 기억'으로 기억 용량(외울 수 있는 크기)은 5~9개 정도로 크지 않으며, 기억되는 시간도 몇 초에서 몇 분 정도에 그치는 약한 기억입니다. 여러분이 지금 읽고 있는 내용들도 사실은 단기 기억에 해당되며 기억하기 위해 특별한 노력을 기울이지 않으면 책을 덮는 순간, 대부분의 내용이 사라지게 됩니다.

친구들이 지금 쓰고 있는 한글의 어휘라든가 구구단 같은 것들이 모두 장기기억에 해당되지. 이런 기억은 언제 만들어졌는지는 잘 모르지만, 태어날 때부터 알고 있었던 것은 아니란다. 하지만 우리의 머릿속에 너무나 튼튼하게 잘 자리 잡고 있는 기억이지.

물론 구구단도 처음 외울 때는 잘 되지 않았을 거야. 처음 배웠을 때는 자주 잊어버리던 내용이지만(단기기억) 오랜 시간 동안 자주 사용하고 반복해서 사용하다 보니까 거의 평생 잊지 않을 만큼 단단한 기억(장기기억)으로 바뀌게 된 것이야.

다시 말해, 우리가 배우는 많은 내용들은 처음에는 단기기억에 머물다가 어떤 '방법'과 '절차'에 의해 장기기억으로 옮겨지게 되는 것이야. 예를 들어, 오늘 수업 시간에 새로 배운 내용들은 단기기억에 있기 때문에 다음날만 되어도 많이 잊어버리게 되지만, 그 내용을 복습하고 꾸준히 공부하면 두 달 후, 시험을 볼 때에도 또렷이 기억할 수 있는 장기기억으로 바뀌게 되는 것이란다.

그렇다면 공부라는 것은 단기기억의 내용을 장기기억으로 바꾸기 위한 효과적인 방법을 공부하는 동안에 꾸준히 적용하는 것이라고 볼 수 있어. 한 번 들었거나, 한 번 읽었던 내용을 모두 기억하는 것은 불가능한 것이며, 오히려 잊어버리게 되는 것이 정상이라는 것을 명심하기 바랄게.

단기기억을 장기기억으로!

그럼, 어떻게 해야 공부한 내용을 단단한 기억으로 만들 수 있을까? 아까 살펴보았던 찰흙 만들기의 예를 다시 한 번 생각해 보자.

먼저 좋은 재료가 있어야 해. 공부하기에 가장 좋은 재료는 교과서, 요약한 내용, 노트 등이 있단다. 하지만 이것만으로는 좋은 재료라고 볼 수 없어. 그것은 잘 이해된 내용이어야만 한단다. 뜻도 모르고 이해도 되지 않은 내용을 막무가내로 외우려는 것은 마치 불순물이 잔뜩 섞여 있는 엉터리 찰흙을 재료로 쓰는 것과 같아. 배운 내용이 잘 이해되려면 수업 전이나 책을 읽기 전에 내가 알고자 하는 것에 대한 의문점이 있어야 해. 여기에 관련된 설명은 '수업 듣기'와 '책읽기' 부분에서 자세히 설명했으니 잘 기억나지 않는 친구는 다시 한 번 확인하길 바랄게. '이해'라는 것은 그런 의문점에 대한 답을 찾는 것이란다. 기억해야 할 내용을 잘 이해하고 있는지 확인할 수 있는 또 다른 방법은 그 내용에 포함되어 있는 개념이나 단어의 뜻을 제대로 알고 있는지 확인해 보는 거야. 예를 들어, '단기기억'이라는 말의 뜻을 모른다면 그 내용을 외웠다 하더라도 이해는 하지 못한 것이겠지?

이해되었는지를 알 수 있는 또 다른 방법은 그 내용을 요약해 보는 거야. '요약'한 내용은 전체적인 내용을 가장

잘 대표할 수 있는 것들만 뽑아 놓은 것이기 때문에, 무엇이 중요하고 무엇이 덜 중요한 것인지를 구분하지 못하면 요약이 제대로 되지 않거든. 수업 시간에 선생님 말씀에 귀 기울이다 보면 보다 중요한 내용을 알 수 있게 되고, 그런 내용을 위주로 노트필기를 한다면 그 노트는 아주 좋은 기억의 재료가 될 수 있단다.

그다음은 기억의 뼈대가 필요해. 찰흙 만들기에서 살펴보았듯이 뼈대 없이 재료만 뭉쳐 놓으면 약한 부분이 금세 떨어져 나가게 되어 있지? 기억을 하는 데 있어서 뼈대가 될 수 있는 것은 목차나 전체적인 줄거리, 개요가 해당된단다. 특히 교과서 앞에 나오는 목차는 큰 도움이 되지. 컴퓨터를 사용하다 보면 유사한 파일들은 폴더로 묶어서 보관하는데, 만일 폴더라는 큰 구분 없이 여기저기 뒤섞어 놓으면 나중에 필요한 정보를 찾기가 매우 힘들 거야. 기억을 하는 데 있어서도 이것저것 마구잡이로 외우게 되면 나중에 어떤 내용이 어디에 해당되는 것인지 헷갈리게 된단다. 그래서 내용을 본격적으로 외우기 전에 먼저 큰 제목과 작은 제목을 구분하고 그것을 순서대로 적은 다음 뼈대에 해당되는 내용을 먼저 외우면 외워야 할 내용의 전체적인 밑그림을 가질 수 있게 되는 거야. 이렇게 하면 자세한 내용을 외우고 이해하는 데 큰 도움이 되고 나중에 기억을 꺼내어 사용

생선에는 DHA가 들어 있어서 기억력에 좋습니다. 뇌에서 사용하는 최대 에너지원은 포도당이에요. 머리를 쓰면 단 것이 먹고 싶어지는 것도 그런 이유에서입니다. 지나친 섭취는 좋지 않지만 적절한 당분 섭취는 뇌에 좋습니다.

할 때도 훨씬 편하다는 것을 느낄 수 있단다.

그런 다음 살을 붙여 나가야 해. 친구들에게 공부 내용을 외울 때 어떻게 하는지 질문하면 반복해서 읽거나 쓴다고 할 때가 많아. 하지만 그런 방법을 쓰면서 '나중에 기억나지 않으면 어떡하지?' 혹은 '이게 정말 외워지는 걸까?' 하는 생각도 자주 들고 자신감도 떨어진다고 하지. 이런 경우에는 '확인하면서 외우기' 방법을 사용하면 큰 도움이 된단다. 흔히 '암송'이라고 하는 방법인데, 외워야 할 내용을 이해가 될 때까지 천천히 한두번 반복해서 읽거나 써야 해. 그다음에는 책을 덮고 방금 본 내용을 자기 말로 떠올려 보는 것이지. 다른 사람에게 설명해 주는 느낌으로 하면 훨씬 효과적인데, 기계처럼 똑같이 따라 할 필요는 없고 자신이 이해한 말로 설명하면 된단다. 만일 잘 떠올릴 수 있다면 잘 기억되었다는 것을 확인한 것이 되고, 막히는 부분이 있으면 그 부분은 기억의 살이 제대로 붙지 않은 것이라고 볼 수 있어. 그런 경우에는 다시 책을 펴고 처음부터 다시 읽되 특별히 기억이 나지 않았던 부분을 주의해서 읽어야 해. 다 읽고 나면 같은 과정을 반복하는 거야. 처음에는 시간이 많이 걸리는 것 같지만, 점차 익숙해지면 그냥 읽거나 쓰는 것보다 훨씬 빠른 시간 안에 더 많은 내용을 기억할 수 있게 된단다.

기억력이 향상되는 과정

예습을 한다.
↓
공부에 대한
호기심이 생겨난다.
↓
수업 시간에
집중력이 향상된다.
↓
핵심 내용을 정확하게 이해하고
기록할 수 있다.
↓
복습도 같이 하면,
더 확고한 기억력이 생긴다.
↓
반복적으로 학습하면,
영원히 내 것이 되고,
시험도 문제없다!

기억하기의 마지막 단계는, 기억이 단단해질 때까지 기다리며 중간 중간 잊어버린 내용을 메우는 것이야. 심리학자들의 연구에 따르면, 어떤 내용을 100% 암기했다 하더라도 하루가 지나면 기억의 정확도는 50% 정도로 감소한다고 해. 이런 '망각' 현상을 막을 수 있는 최선의 방법은 복습이지. 다시 말해 자주 쓰고 자주 떠올려야 잊어버리지 않게 되는 거야. 이런 과정이 일정한 시간을 두고 반복되면 기억은 점차 단단하게 안정된단다. 다행스러운 일은 복습이 반복되면 거기에 걸리는 시간은 반복한 횟수에 비례해서 줄어든다는 것이야. 그 이유는 이전의 공부를 통해 이미 많은 내용이 머릿속에 남아 있으므로, 복습에서 중점적으로 해야 할 일은 얼마 되지 않는 기억의 틈을 메우는 일이기 때문이지. 그래서 처음에는 3~4시간이 걸리던 내용도 마지막 복습 때(보통, 시험공부 최종정리)는 15분 정도면 끝낼 수 있게 된단다.

괜찮아
복습하면 기억날 거야

지금까지 기억의 전체적인 과정이 어떻게 이루어져 있는지 살펴보았어. 어떤 친구들은 너무 복잡하다고 느꼈을 것이고, 또 어떤 친구들은 '아하! 저렇게 하면 되겠구나.'라는 생각을 했을 거야. '구슬이 서 말이어도 꿰어야 보배'라는 속담처럼, 실제로 사용해서 자기 것으로 만들어 보지 않으면 그 가치를 알 수 없단다. 좋은 공부 습관이라는 것은 처음에는 얼핏 복잡해 보이는 방법을 반복해서 사용함으로써 아무렇지도 않게 내 것처럼 쓰는 것을 말하는 거야. 앞에서 읽은 내용을 모두 사용하지는 못하더라도 오늘부터 공부할 때 꼭 적용해 보고 싶은 것이 무엇인지 다음에 적어 보자.

심리학 상식 – "기억이 안 돼서 괴로운 사람, 기억이 너무 잘 돼서 괴로운 사람"

아주 드문 일이지만 사고나 병으로 인해 기억 능력을 잃어버리게 되는 경우가 있습니다. TV 드라마에도 자주 등장하는 기억상실증을 살펴보면, 오래된 기억이나 최근의 기억이 사라지기도 하고, 사고를 당한 다음부터 새로운 기억을 만들어 내는 능력이 없어지기도 합니다. 기억이 사라진다는 것은 우리에게 매우 큰 고통을 줄 수 있습니다. 왜냐하면 우리 자신이 누구인지 알기 위해서는 반드시 기억이 있어야만 하고, 과거를 기억하지 못하면 미래를 계획할 수 있는 토대도 사라지기 때문입니다.

HM이라고 불리는 남자는 뇌수술의 후유증으로 새로운 기억을 만들어 내는 능력을 잃고 말았습니다. 단기기억이 장기기억으로 넘어가는 과정에서 뇌해마라는 부위가 없어서는 안 되는데, 그만 수술 과정에서 이곳이 손상되었기 때문이었습니다. 새로운 기억을 만들 수 없기 때문에 똑같은 잡지를 매번 새로운 내용처럼 읽어야 했고, 자신의 주치의를 봐도 매일 새로운 사람을 만나는 것처럼 서로 소개를 해야 했습니다. 살던 집이 이사를 가게 되자 집에 가는 길을 기억하지 못하기 때문에 누군가의 도움을 받지 않으면 집을 찾아갈 수 없었습니다. 다른 모든 부분은 멀쩡하지만 기억만 만들 수 없는 이 특이한 예를 통해 우리에게 있어 기억이 얼마나 소중한 것인지 새삼 느끼게 됩니다. 그럼, 거꾸로 (모든 학생이 소망하듯이) 모든 것을 기억하게 되면 어떻게 될까요?

20세기 초에 러시아에서 태어난 솔로몬 세라세프스키라는 사람은(그냥 S라고 부르겠습니다.) 거의 모든 것을 기억할 수 있는 것으로 유명했습니다. 이 사람의 직업은 기자였는데, 기자의 특성상 인터뷰도 해야 하고 듣고 기억해야 하는 것들이 많았습니다. 그런데 이 사람은 메모를 전혀 하지 않았다고 합니다. 듣거나 본 내용을 똑같이 기억할 수 있었기 때문입니다. 보통 사람의 단기기억 용량은 5~9개이지만 S의 단기기억 용량은 거의 무한대에 가까웠습니다. 심지어 70개가 넘는 숫자나 글자를 한 번만 보고도 외울 수 있었고, 순서를 반대로 말할 수도 있었습니다. 그리고 그 내용을 몇 년 후에 물어봐도 기억할 수 있었다고 합니다. S는 기억에 있어서는 인간의 한계를 뛰어 넘은 사람이었습니다.

정말 부러운 사람이지요? 하지만 이 사람은 불행한 삶을 살다가 결국 정신병원에서 생을 마감했습니다. S는 아주 특이한 방식으로 사물이나 단어를 기억했습니다. 사람들의 말소리나 기억해야 하는 내용이 머릿속에서 모두 그림으로 인식되었다고 합니다. 이것은 일종의 기억술인데, 예를 들어 시를 그냥 외우는 것은 힘들지만 그 장면을 생생하게 상상하면서 읽으면 훨씬 잘 기억되는 것과 같은 이치입니다. 보통 사람들은 그것을 연습하고 훈련해야 할 수 있는데 S는 어떤 이유에서인지 그것이 자동적으로 이루어졌습니다. S는 사람들이 떠드는 소리가 마치 한 무더기의 꽃다발처럼 보였다고도 합니다. 이렇게 이미지(심상)로 바꾸는 능력이 너무나 뛰어났기 때문에 책을 제대로 읽을 수 없었습니다. 글자를 보면 자꾸만 다른 이미지가 떠오르고 관련된 기억이 튀어나와 책을 집중해서 볼 수 없었던 것입니다. 더 큰 고통은 사람의 얼굴을 기억하지 못하는 것이었습니다. 한 번 본 것을 너무 정확하게 기억하기 때문에 다음 만났을 때 그 사람이 조금이라도 바뀌어 있으면(머리 모양이나 옷차림이 달라질 수 있고, 수염이 자랄 수도 있고, 주름이 생기기도 하기 때문에) 알아 볼 수 없었던 것입니다. 결국 S에게 있어 무한대의 기억은 축복이기도 했지만 한편으로는 저주이기도 했습니다.

자기 삶에서 중요한 사실을 기억할 수 있는 것은 큰 축복입니다. 하지만 잊어야 할 것을 잊을 수 있는 것은 더 큰 축복입니다. 공부할 때 좀 시간이 걸리더라도 적당한 기억을 가지고 있는 자신에게 감사할 필요가 있지 않을까요?

동기

04

공부 습관의 중요성

'나'는 누구일까요?

우리 대부분은 자신에게 주어진 시간의 절반 가까이를 '나'를 위해 사용하며, 사람은 '나'를 통해서 자신의 꿈이나 목표를 이룰 수 있다고 합니다. '나'와 친해지면 구름 위에라도 올라간 듯하지만, '나'와 멀어지면 선생님과 부모님의 구박을 받기도 하고, 심지어 자기 자신이 미워지기도 합니다. 부모님이 힘들게 버시는 돈 중의 1/4 이상은 '나'를 위해 사용됩니다. 누구나 '나'를 중요하다고 말하지만, 동시에 세상에서 가장 하기 싫은 것도 '나'입니다. '나'는 누구일까요?

공부 습관이라는 친구

우리 친구들은 앞에서 말한 이 수수께끼, 즉 '나'는 누구일까요의 답이 뭐라고 생각해? 이미 눈치 빠른 친구들도 있겠지만 이 수수께끼의 정답은 '공부'란다. 수수께끼의 내용에서처럼 공부는 우리의 삶에서 정말 많은 부분을 차지하고 있고, 그만큼 중요하다는 것도 잘 알고 있을 거야. 하지만 우리 친구들 가운데 노는 것보다 공부가 더 좋다고 하는 사람은 별로 없는 것 같아. 공부가 중요하다는 것을 잘 알고 있지만 공부하는 것은 그리 쉬운 일이 아니거든. 부모님이나 선생님들도 그 점에 대해서는 똑같이 공감하고 있단다. 그럼, 공부에 대해 우리 친구들이 가지고 있는 몇 가지 고민에 대해 생각해 보도록 하자. 혹시, 자신도 이런 생각을 해 본 적이 있는지 살펴보렴.

"만화책을 읽을 때는 시간 가는 줄도 모르겠는데, 왜 공부할 때는
이렇게 지루하고 재미가 없는 걸까요?"
"게임은 밤을 세워서 해도 집중이 되는데, 공부를 할 때는
10분도 못 앉아 있겠어요!"
"분명히 여러 번 쓰면서 외웠는데, 시험만 보면 기억이 나질 않
아요. 난 정말 머리가 나쁜가 봐요."
"저는 맨날 계획만 거창하지 실천이 안 돼요. 어떻게 해야
공부계획을 잘 지킬 수 있을까요?"
"책상에만 앉으면 졸립고 딴짓을 합니다.
어떻게 해야 하나요?"
"수업시간이 너무 지루하고 듣기 싫어요. 좋은 방법이 없을까요?"

"책을 읽을 때는 분명히 아는 것 같았는데, 덮고 나면 머리에 남는 게 없어요!"

시행착오란?

무언가를 이루려고 할 때, 그 과정에서 경험하게 되는 실패를 통해 얻게 되는 지식을 말합니다. 공부에 비유하자면 시험과 복습을 거듭하면서 이루어지는 학습을 말하지요.

공부하면서 누구나 한 번쯤은 이런 고민을 해 본 적이 있을 거야. 공부를 하는 것이 늘 힘들기만 한 것은 아니지만, 앞과 같은 문제에 부딪히게 되면 때로는 공부하는 것이 싫어지기도 하지. 마법처럼 이런 문제들이 한 번에 '뿅'하고 해결되면 좋겠지만, 공부의 결과는 오로지 정직한 노력의 과정을 통해서만 얻을 수 있는 것이기 때문에 '공부의 마법'은 없단다. 어쩌면 진짜 마법은 우리가 하루하루 살아가는 동안에 일어나고 있는 일인지도 모르겠어. 바로 '시행착오'라는 마술이야. 공부에서건 일에서건 성공하는 사람들은 늘 실수 없이 잘하기만 하는 사람이 아니라 비록 실패를 하더라도 거기에서 배울 수 있는 힘을 가진 사람이란다. 좋은 공부 습관은 어느 날 저절로 만들어진 것이 아니라, 내 문제가 무엇인지 생각하고 그것을 해결하기 위해 꾸준히 노력하는 시행착오의 과정에서 서

<공부 방법>
① 노력
② 시행착오
③ 습관
④ ⋯⋯

서히 만들어지는 거야. 그리고 그렇게 만들어지는 좋은 습관들이 앞에서 살펴보았던 공부에 대한 우리의 고민을 해결해 줄 수 있는 가장 좋은 답이라고 할 수 있어.

공부를 머리로만 하는 것 같지만, 여기에는 수많은 행동이 포함되어 있어. 예를 들어, 수업 시간에 우리 친구들의 모습을 살펴보면 누가 집중해서 잘 듣는지, 아니면 딴짓을 하는지 금방 알 수 있지? 대개 수업 태도(행동)가 좋지 않은 친구들은 성적도 별로 좋지 않잖아. 혼자 공부할 때도 마찬가지야. 어떤 친구는 공부 시간이 되면 책상에 바로 앉아 꾸준히 집중하는 모습을 보이지만, 10분이 멀다 하고 방문을 드나들거나 공부하는 동안 자꾸 딴짓을 하는 사람들도 있어. 이렇게 공부하는 동안에 하는 행동들이 자꾸 반복되면 언젠가는 자신도 모르게 그런 행동을 하게 되는데, 그게 바로 공부 습관이야.

> 공부를 머리로만 하는 것 같지만 공부를 하는 동안에는 나도 모르게 반복되는 행동들이 포함되어 있어. 그게 바로 공부 습관이지.

습관의 힘, 습관의 법칙

　습관의 힘은 정말 대단하단다. 이 힘은 물방울에 비유할 수 있어. 작은 물방울 하나의 힘은 너무나 미약하지만, 그것이 '습관'처럼 오랜 시간을 두고 계속해서 한곳에 떨어지면 심지어 바위도 패이게 만들 수 있어. 사람은 살아가면서 매일 새로운 행동을 만들어 내지 못한다. 만일, 아침마다 일어나서 세수를 할 때 어떻게 해야 할지, 양치질을 할 때 윗니부터 닦을지 아랫니부터 닦을지 고민한다면 너무 피곤하겠지? 습관이란 이렇게 우리가 불필요한 일까지 신경 쓰지 않도록 하기 위해 우리 스스로 만들어 낸 일종의 자동 프로그램이라고 할 수 있어. 그리고 우리는 예전부터 해 오던 수많은 습관적인 행동들을 통해 오늘 하루를 살아가는 것이지. 아침에 자명종 소리를 듣고 한 번에 일어나는 것도 습관이고, 소리를 듣고도 매번 늦잠을 자다 지각하는 것도 습관이란다. 습관은 아침부터 잠들 때가지, 심지어 잠자는 동안에도 '잠자는 습관'이 우리를 지배한다고 볼 수 있지.

　습관에는 재미있는 법칙이 하나 있는데, '좋은 습관'은 오랫동안 피나는 노력을 해야 겨우 만들어지지만, '나쁜 습관'은 별 다른 노력을 기울이지 않아도 아주 손쉽게 만들어질 수 있다는 것이야. 안타까운 것은, 힘들게 만든 '좋은 습관'은 며칠 혹은 몇 주만 계속하지 않으면 사라져 버리지만, '나쁜 습관'은 아무리 없애려고 발버둥을 쳐도 마음대로 없앨 수 없다는 것이지. 좋은 습관이야 아무 문제가 되지 않지만 '나쁜 습관'은 작은 물방울에 바위가 패이듯이 우리의 시간과 꿈을 서서히 좀먹어 갈 수 있는 거야. 그래서 좋은 공부 습관을 가지고 있는 사람은 학년이 올라갈수록 더욱 공부를 잘하게 되고, 공부 습관이 좋지 않은 사람은 당장은 별 차이가 없어 보여도 점차 공부에 대한 효율성이나 자신감이 떨어지게 되는 거야.

공부 습관에는 여러 가지 종류가 있단다. 이 책에서는 그런 공부 습관들을 하나씩 자세히 살펴보려고 해. 앞으로 우리가 함께 다루어 갈 주제는 목표 세우기, 시간 관리, 공부 환경, 집중, 책읽기, 노트하기, 수업듣기, 기억하기, 시험 보기, 좋은 수면 습관에 대한 것들인데 현재 자신의 모습과 비교하면서 좋은 습관이 무엇인지 생각해 보고 적용하다 보면 틀림없이 우리 친구들도 좋은 공부 습관을 만들어 갈 수 있을 거야.

좋은 공부 습관을 많이 가지고 있는 사람은 스스로 공부할 수 있는 힘을 가지고 있다고 볼 수 있어. '스스로 공부하는 힘'을 요즘에는 '자기주도적 학습'이라고 더 많이 부른단다. 이 책을 통해 우리 친구들이 좋은 습관을 많이 길러서 앞으로 주도적인 학습자가 될 수 있기를 기원할게.

> 어린이들의 공부 습관을 확 잡아 주는 책이 나왔다! 재미있게 읽고 스스로를 돌아보면 놀라운 변화가 찾아옵니다.

심리학 상식 - "IQ 200인 사람도 있어요?"

가끔 신문에서 보면 천재적인 사람들의 지능지수가 나올 때가 있는데, 정말 저렇게 IQ가 높을 수 있는지 궁금할 때가 있습니다. 정말 IQ 200인 사람도 있을까요? 답을 먼저 얘기하자면, IQ 200은 존재하지 않습니다. 지능검사에서 받을 수 있는 지능지수의 최고 점수는 160입니다. 그 이상을 받을 수 있는 가능성은 별로 없으며 혹시 누가 그렇다고 '추정'하더라도 그것이 뜻하는 바는 아무도 알 수 없습니다. 왜 그런지 이유를 설명해 볼까요? IQ는 지능검사를 통해 산출한 점수입니다. 학교에서 지능검사를 해 본 사람들도 있겠지만, 지능검사는 우리의 지적 능력을 대표한다고 생각되는 여러 가지 문제를 해결해 보고, 그 종합적인 결과를 평균 100, 표준편차 15로 환산한 점수를 말합니다. 다시 말해, 100보다 높다면 나는 내 또래의 평균보다 지능검사에서 더 좋은 점수를 받은 것이고, 그 아래라면 평균보다 낮은 점수를 받았다는 것을 뜻합니다. 대략 70% 정도의 사람들은 지능지수가 85~115 사이에 위치하게 됩니다. 최고 점수인 160은 전체 인구의 99.9% 이상에서만 나타나며 이 정도의 점수를 받는 사람은 거의 없습니다. 사실 130만 넘어도 매우 우수한 지능지수를 가지고 있다고 말할 수 있습니다.

그럼 점수가 낮으면 똑똑하지 못하다는 것일까요? 물론, IQ는 그 사람이 지적인 과제를 남들보다 잘할 수 있다는 것을 의미하지만 '모든' 것을 잘한다는 것은 아닙니다. 지능지수는 높지만 공부는 잘하지 못하는 사람도 많은 게 사실입니다. 심지어 IQ가 아주 낮은 사람들 가운데서도 과학이나 수학, 예술에서 천재적인 재능을 보이는 사람들도 있습니다. 보통의 사람들에게 있어 지능지수가 학업 성적에 영향을 미치는 정도는 학년이 올라갈수록 낮아지는 경향이 있습니다. 그 이유는 초등학교 때에는 학습량이나 난이도가 높지 않기 때문에 지능이 좋은 사람들이 '반짝' 공부로도 좋은 점수를 받을 수 있지만, 학년이 올라가게 되면 배우는 양은 물론이거니와 내용도 많이 어려워지기 때문에 벼락치기만으로는 역부족이기 때문입니다. 또한 상급학교로 진학하게 되면 더 우수한 경쟁자들을 만나게 되기 때문에 지능 자체에서는 크게 차이가 나지 않게 됩니다.

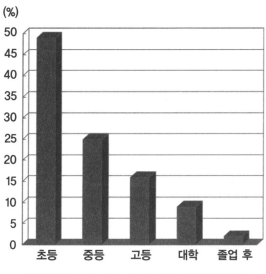

(%)
50
45
40
35
30
25
20
15
10
5
0

초등　중등　고등　대학　졸업 후

〈학년의 증가에 따른 지능과 성적 간의 관련성〉

지능지수는 크게 변하기 어렵다는 것을 잘 알고 있을 겁니다. 그렇다면 학년이 올라가면서 더 중요한 영향을 미치게 되는 것은 무엇일까요? 그것은 바로 학습 동기와 공부 습관입니다. 이 두 가지 특징은 타고난 것이 아니기 때문에 본인의 노력과 의지에 따라 크게 바뀔 수도 있습니다. 혹시, 예전에는 공부를 잘했는데 점점 성적이 떨어지거나 혹은 그 전에는 공부를 못했지만 언제부터인가 점차 성적의 향상을 맛보고 있다면 동기나 공부 습관의 영향에 대해서 생각해 보면 그 원인에 대해 이해할 수 있을 겁니다.

목표의 힘, 올바른 목표 세우기

"위성추적장치(GPS)로 목표인 북위 90도에 도착하게 되었다. 3m, 2m, 1m······ 순간 다리가 떨리고, '내가 정말 왔나?'라는 의심이 들었다."

오래 전 세계적인 산악인 박영석 아저씨가 50여 일의 사투 끝에 목표인 북극점을 정복하고 신문에서 인터뷰했던 내용이야. 영하 40, 50도의 추위 속에서 얼굴과 손발에 동상을 입어 가며 100kg에 달하는 썰매를 짊어지고 포기하고 싶은 수많은 순간을 참아 낸 끝에 이뤄 낸 결과였어. 우리는 겨울에 영하 10도만 되도 추워서 밖에 나가기가 싫어지는데 그 몇 배의 추위는 물론이고 배고픔, 피로의 고통을 무려 두 달 가까이 이겨 낸 셈이지.

목표의 힘이 얼마나 세길래

박영석 아저씨가 이런 극한의 고통을 참아 낼 수 있게 했던 힘은 무엇일까? 그것은 바로 '북극점을 정복하겠다.'는 '목표'에서 비롯된 것이란다. 이런 목표의 힘은 높은 산이나 북극을 탐험할 때에만 적용되는 것은 아니야. 우리 친구들이 매일 하고 있는 공부도 여러 가지 어려움을 이겨 내야 하는 긴 여정이기 때문에 공부에서도 무엇보다 뚜렷한 목표의식이 있어야 하는 거야.

"넌 꿈이 뭐니?"라는 질문을 몇 번이나 받아 본 적이 있어? 누군가에게서 이런 질문을 받지 않더라도 가끔은 스스로 "나는 어른이 돼서 어떤 일을 하는 게 좋을까?"라는 의문을 자연스럽게 가져 보았을 거야. 그럴 때 우리 친구들은 어떤 답을 했을까? 늘 같은 꿈을 떠올린 사람도 있고, 자주 바뀌는 사람도 있을 거고, 안타깝지만 떠오르는 게 없는 사람도 있을 텐데, 이 시간을 빌어서 다시 한 번 질문해 볼게. 다음 빈칸에 친구들의 생각을 적어 보자.

> "
> Boys, Be Ambitious!
> 소년들이여, 야망을 품어라! 사람들은 목표는 원대하게 잡는 것이 좋다고 말해. 하지만 큰 목표만이 반드시 좋은 것만은 아니야. 그 목표를 통해 자신이 원하는 것을 찾을 수 있는지 먼저 살펴보도록 해.
> "

"넌 꿈이 뭐니?"

목표의 씨앗

1. 누군가에게 선물로 꽃씨를 받게 되었어.
2. 화창한 봄날에 정확히 무슨 꽃인지도 모르는 씨앗을 마당에 심었단다.
3. 이 씨앗이 어떻게 자라날지는 잘 모르겠지만, 일단 싹이 틀 수 있도록 물을 주고 돌봐 주었어.
4. 아무것도 심지 않은 맨땅에 물을 주는 사람은 없으니까 말이야.

"난 말이야,_____가 되는 게 꿈이야!"

답을 썼니? 여러 친구들을 만나서 "넌 꿈이 뭐니?"라고 질문을 했더니 몇 가지 재미있는 공통점을 발견할 수 있었어. 한 가지는 많은 친구들이 얘기하는 꿈이 '의사' '변호사' '선생님' '벤처회사 사장' '컴퓨터 프로그래머' '디자이너' '연예인' 등 몇 가지 직업에 그친다는 점이었고, 두 번째는 '왜' 그것이 하고 싶은지에 대한 질문에 제대로 답을 하지 못한다는 것이었고, 마지막 공통점은 꿈은 있지만 그것을 위해 당장 오늘부터 무엇을 해야 할지는 잘 알지 못한다는 것이었지.

만약, 우리 친구들이 가지고 있는 목표나 꿈이 얘기한 세 가지 공통점에 해당된다면, 안타깝지만 그러한 목표는 결코 어려움을 이겨 낼 수 있는 강한 힘을 낼 수 없단다. 목표라고 다 같은 것이 아니며 우리에게 강한 힘을 일으키는 목표도 있고, 그야말로 무늬만 목표인 경우도 있는 것이지.

그렇다면 정말로 내 인생에 힘이 되어 줄 수 있는 좋은 목표는 무엇일까? 목표는 결코 크기나 겉보기가 중요한 것이 아니야. 목표는 내 삶의 이정표이기 때문에 반드시 그 속에는 내 자신의 모습이 담겨 있어야 하는 거야. 다음의 표를 참고해서, 과연 나의 목표는 어느 쪽에 해당되는지 생각해 보자.

힘센 목표	약한 목표
• 그 목표가 내 자신에게 왜 중요한지 설명할 수 있다.	• 막연히 그렇게 되면 좋겠다는 생각뿐이다(돈을 많이 번다, 사람들이 인정해 준다).
• 내 자신의 흥미나 관심사와 관련되어 있다.	• 솔직히 별로 관심은 없었지만, 부모님이나 선생님이 좋다고 했다.
• 다른 사람에게는 없는 나만의 장점이나 재능을 고려한 것이다.	• 내가 잘할 수 있는 일이나 장점은 생각해 본 적도 없다.
• 그 목표에 대한 구체적인 정보를 가지고 있다.	• 그 목표를 이루려면 대학에서 무슨 학과에 진학해야 하는지도 모른다.

목표의 힘이 약하면 공부를 하면서도 '동기'라는 힘이 생기지 않아. 그래서 '이런 걸 왜 해야 하지?' 하는 생각도 자주 들고, '너무 힘들어. 다 못해.'라는 생각에 공부하던 것을 쉽게 포기할 수도 있어. 여기서 한 가지 오해하지 말아야 할 것이 있어. 많은 친구들은 '목표'를 잡으면 꼭 이뤄야만 하는 것으로 생각하는데, 중요한 것은 좋은 목표를 잡기 위해 노력하고 그것을 이루려고 노력하는 '과정'에 있는 것이지 '결과'에 연연하라는 것은 아니란다. 이런 비유를 생각해 보자. 누군가에게 선물로 꽃씨를 받게 되었어. 정확히 무슨 꽃의 씨앗인지는 잘 모르겠지만 화창한 봄날에 꽃씨가 생각이 나서 마당에 심었단다. 이 씨앗이 어떻게 커 갈지는 잘 모르지만, 중요한 것은 일단 싹이 틀 수 있도록 물을 주고 돌봐 주는 것이지. 아무것도 심지 않은 맨 땅에 물을 주는 사람은 없으니까 말이야. 가능성의 싹을 틔우려면 먼저 목표라는 씨앗이 우리 마음속에 심어져 있어야 한다는 점을 명심하길 바랄게.

자, 그럼 이제부터는 목표 세우기를 좀 더 자세히 살펴보도록 할게. 먼저, 목표를 단계별로 나누는 것에 대해 생각해 보자. 예를 들어, '내 힘으로 내 방 청소하기'라는 목표를 이루려면, 책상 정리, 서랍 정리, 책장 정리, 바닥 청소, 쓰레기통 비우기 등 여러 가지 일들을 하나씩 순서대로 해야 '방 청소하기'라는 최종 목표를 이룰 수 있겠지? 마치 계단을 하나씩 올라가듯이 목표와 꿈은 단계를 가지게 된단다. 다음 그림을 통해 자신의 목표를 한 번 나눠 보도록 하자.

> "
> 자신만의 좋은 목표를 세웠다면 좋은 공부 습관이 만들어질 수 있는 아주 튼튼한 출발점이 완성된 것이라 할 수 있어.
> "

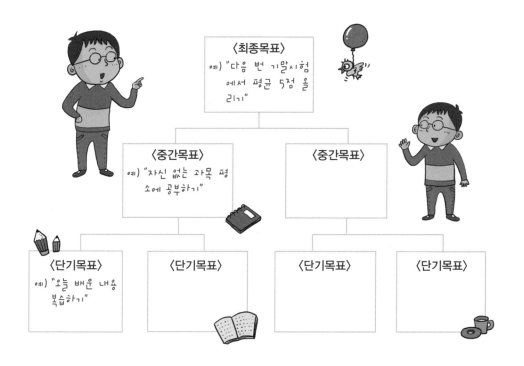

〈최종목표〉
예) "다음 번 기말시험에서 평균 5점 올리기"

〈중간목표〉
예) "자신 없는 과목 평소에 공부하기"

〈중간목표〉

〈단기목표〉
예) "오늘 배운 내용 복습하기"

〈단기목표〉

〈단기목표〉

〈단기목표〉

올바른 목표를 세우기 위해 마지막으로 생각해 보아야 할 것은 그 목표를 통해 오늘 해야 할 일이 무엇인지를 알아야 한다는 것이야. 도대체 무엇을 하겠다는 것인지 알 수 없는 애매하거나 두루뭉술한 목표는 실천할 수 있는 힘을 주지 못해. 그래서 다음의 예시처럼 분명하고 구체적으로 세우는 연습을 해야 한단다. 예를 읽어 보고, 친구들 스스로의 목표를 적용해 보도록 하자.

약한 목표	방법	힘센 목표
"성적을 올리자."	(S)구체적으로	"사회와 영어를 90점 이상 받자."
"영어를 잘하자."	(M)확인할 수 있게	"매일 영어 단어를 10개씩 외우자."
"산수를 열심히 하자."	(A)실천할 수 있게	"매일 저녁 1시간씩 문제집 풀자."
"다음 시험에서 1등을 하자."	(R)현실적으로	"지금보다 평균을 5점만 높여 보자."
"책을 많이 읽자."	(T)마감시간을 정해서	"이번 달까지 2권을 읽자."

오늘의 명언

목표가 구체적일수록 그 목표는 성취하기 쉬워지고, 또 언제쯤 그 목표를 이룰 수 있을지도 쉽게 알 수 있습니다.

–짐 델리즐

*짐 델리즐은 영재들을 위한 교사이며 『영재들의 생존 전략』, 『10대의 핸드북』 등 여러 권의 책을 썼습니다.

정리하면, '목표'는 우리가 최선을 다해 노력할 수 있는 강력한 힘을 제공해 준단다. 하지만 모든 목표가 공부를 열심히 할 수 있게 만드는 힘을 주지는 못한다는 것을 잘 알게 되었을 거야. 지금 생각하고 있는 목표가 내 자신의 어떤 면들과 관련되어 있는지, 어떤 단계를 거쳐야 이룰 수 있는지, 당장 오늘의 삶에 적용하기 위해 어떻게 바꾸어야 하는지를 자꾸 생각해 보아야 하겠지. 자신만의 좋은 목표를 세웠다면 좋은 공부 습관이 만들어질 수 있는 아주 든든한 출발점이 완성된 것이라고 볼 수 있단다.

심리학 상식 – "마음의 벽을 뛰어넘어 만들어 낸 육상 신기록"

1950년대까지 육상선수들에게 있어 1마일(1.609km)을 4분 안에 주파하는 것은 불가능한 일로 여겨졌습니다. 300년에 가까운 근대 육상운동의 역사 가운데 많은 선수들이 4분의 기록을 깨기 위해 도전했지만, 아무도 이룰 수가 없었습니다. 그래서 1마일 4분이라는 기록은 인간 한계의 상징이며, 선수들에게는 결코 깨뜨릴 수 없는 심리적, 육체적 장벽으로 여겨졌습니다. 심지어 어떤 과학자는 인간이 신체의 한계인 4분의 벽을 뛰어넘게 되면 죽게 될 것이라고 말하기도 했습니다.

하지만 1954년 5월 6일 영국의 로저 베니스터라는 선수가 3분 59초 6의 기록으로 마의 4분이라는 한계의 벽을 넘어서게 되었습니다. 불가능하다고 생각되던 것이 일단 가능하게 되자 4분이라는 '한계'는 더 이상 육상 선수들에게 불가능이 아니었고 '도전'으로 바뀌게 되었습니다. 이 최초의 기록이 깨지고 1년이 지나지 않아 무려 37명의 선수들이 1마일 4분의 벽을 돌파했고, 그다음 해에는 300명이 넘는 선수들이 4분의 기록을 뛰어넘었습니다. 현재 1마일 세계 신기록은 모로코의 히참 엘 구레로가 1999년에 세운 3분 43초로 이제는 3분 30초를 깨기 위한 새로운 도전이 이루어지고 있다고 합니다.

20세기 스포츠 역사에서 가장 빛나는 기록 중 하나였던 이 사건이 우리에게 주는 교훈은 무엇일까요? '할 수 있다는 믿음은 불가능을 이기게 한다!'는 구호일까요? 미안하지만, 그저 할 수 있다는 생각만으로는 아무것도 이룰 수 없습니다. 최초로 4분 벽을 깼던 로저 베니스터 선수는 4분의 벽을 목표로 잡고 2년 동안 치밀한 계획하에 마치 묵묵히 고행길을 걷는 수도자처럼 하루도 빠짐없이 똑같은 훈련을 거르지 않았다고 합니다. 즉, 할 수 있다는 믿음은 '필요조건'이지만 그것이 실제로 가능하게 만드는 치밀한 노력과 실천의 '충분조건'이 뒤따르지 않으면 '할 수 있다'는 구호는 거꾸로 불가능의 벽을 높이는 공허한 구호로 끝나게 됩니다.

한계란 우리 마음속에 있는 벽에 지나지 않습니다. 먼저 그 마음의 벽을 무너뜨리고, 이미 그 벽을 넘은 사람처럼 꾸준한 노력을 기울일 때 꿈은 내 것이 됩니다.

꿈은★ 이루어진다!

시간
관리

06

시간관리의 이해

　이제까지 우리는 목표가 왜 중요한지, 어떻게 해야 자신에게 힘이 되는 목표를 세울 수 있는지에 대해 함께 생각해 보았어. 이번에는 목표를 이루기 위한 가장 효과적인 노력의 과정인 시간관리의 방법에 대해 살펴보도록 하자. '시간'은 눈에 보이는 것도 아니고(시계는 눈에 보이지만), 손에 잡히는 것도 아니기 때문에 이것을 관리한다는 것은 좀 어려운 느낌이 들지? 그럼, 시간을 무엇에 비유할 수 있을지 생각해 보자. '시간은 금이다.'라는 속담처럼 시간과 비슷한 면을 가지고 있는 것들이 있는데, 무엇이 있을까?

더 말할 필요가 없지, 시간의 중요성

나 잡아봐라

시간은…

강물, 바람, 돈, 석유, 석탄 등 시간에 대해 여러 가지가 떠오를 수 있는데, 이런 것들은 공통적으로 어떤 목적을 위해 필요한 자원이라는 특징을 가지고 있단다. 즉, 무엇을 하고자 할 때 꼭 있어야 하는 것들이지. 또한, 무한한 것이 아니고 대개 정해진 양이 있기 때문에 꼭 필요한 곳에 써야만 원하는 결과를 얻을 수 있다는 공통점도 있고, 한 번 써 버리면 다시는 돌이킬 수 없다는 특징도 가지고 있어. 하지만 시간은 이런 자원들과는 전혀 다른 한 가지 특징이 있는데, 바로 모아 둘 수 없다는 것이지. 돈이야 필요하지 않을 때는 저금해 두었다가 필요할 때 꺼내 쓰면 되지만, 시간을 담을 수 있는 그릇은 세상에 존재하지 않는단다. 그래서 주어졌을 때 잘 사용해야만 하는 거야. 우리 친구들은 과연 이 시간이라는 자원을 얼마나 잘 활용하고 있을까? 만일 시간을 사용하는 데 있어서 다음과 같은 모습을 자주 발견한다면 시간을 제대로 활용한다고 보기는 어려울 것 같아.

> "사람은 금전을 시간보다 중히 여기지만, 그로 인해 잃어버린 시간은 금전으론 살 수 없다." 시간이 어떤 자원들과도 다른 점을 단적으로 말해 주는 유태 격언이야.

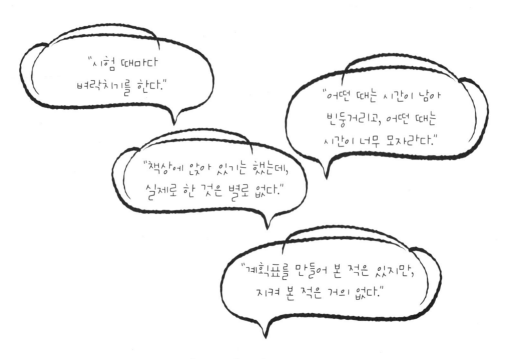

    습관을 물방울에 비유할 수 있다고 했던 얘기를 기억하고 있지? 그냥 물방울 하나만으로는 아무것도 아니지만 쌓이고 반복되면 바위도 패이게 할 만큼 큰 힘을 발휘할 수 있다는 사실 말이야. 아무렇지도 않게 책상에 앉아서 딴짓과 공상으로 하루에 한 시간을 허비한다고 생각해 봐. 지금은 별 것 아닌 것 같지만, 그런 습관이 고쳐지지 않으면 한 달이면 하루가 넘는 시간을(30시간), 일 년이면 열흘이 넘는 시간을 그냥 잃어버리고 마는 거야. 사실, 어른들 중에서도 시간을 계획성 있고 알뜰하게 사용하지 못하는 사람도 많아. 시간관리는 습관이기 때문에 청소년기부터 미리 좋은 방법을 배우고 그것을 적용하기 위해 노력하지 않으면 나중에 커서도 마찬가지이기 때문이지. 이렇게 시간관리는 자신의 목표를 이루는 데 큰 힘이 될 수 있단다. 하지만 '좋은 약은 입에 쓰다.'는 속담처럼 좋은 방법을 익히는 데에는 많은 노력과 인내가 필요하다는 점을 명심해야 해.

우리 잘 써 보자, 시간!

거의 모든 사람은 어떤 일에 필요한 시간 계획을 세울 때, 할 수 있는 것보다 많은 양의 계획을 세우는 경향이 있어. 그래서 계획을 세울 때는 거창하지만 막상 지키려 할 때는 무리하게 느껴지기 쉬운 거야. 이것은 애써 만든 계획표를 지키지 못하게 되는 주된 이유 중의 하나란다. 그럼, 어떻게 하면 '작심삼일쟁이'가 되지 않을 수 있을까? 건강을 위해 운동을 시작하는 사람이 처음부터 무리한 운동을 하게 되면 오히려 건강에 해가 될 수 있듯이, 자신의 평소 학습량이나 시간 사용을 점검하지 않고 계획을 세우면 계획은 별 도움이 되지 않는단다. 그래서 시간 계획을 세우기 전에 다음과 같이 일주일 동안의 시간 사용을 확인할 수 있는 표를 그려 보면 '출발점'을 정하는 데 큰 도움이 될 수 있어.

> **"**
> 시간 관리를 실패하는 가장 큰 원인은 '욕심'이야. 계획을 세울 때는 냉철하게 자신의 능력에 맞게 현실적으로 세워야 하지.
> **"**

시간		월	화	수	목	금	토	일
오전	12~1	잠						
	1~2							
	2~3							
	3~4							
	4~5							
	5~6							
	6~7							
	7~8							
	8~9	등교 준비						
	9~10	학교 수업						
	10~11							
	11~12							
오후	12~1							
	1~2							
	2~3							
	3~4	휴식						
	4~5	영어 학원						
	5~6							
	6~7	TV						
	7~8	저녁 식사						
	8~9	숙제						
	9~10	컴퓨터						
	10~11	공부						
	11~12	잠						

이렇게 기록하고 나면 잠자는 시간, 통학 시간, 친구들과 노는 시간, 컴퓨터나 TV를 보는 데 사용한 시간, 공부한 시간 등을 일목요연하게 알아볼 수 있기 때문에 헛되이 낭비되는 시간이 어디에 있는지 찾을 수 있지. 특히, 자신의 평소 공부 시간을 확인하면 앞으로 계획을 세울 때 욕심을 부리지 않을 수 있어. 그만큼 실천할 수 있는 계획표를 만들 수 있게 된다는 뜻이야. 조금 귀찮게 느껴질 수도 있지만, 시간 관리의 좋은 출발점을 만들려면 앞과 같은 시간 일기를 먼저 써 보도록 하자.

시간을 잘 활용하면 여러 가지 장점이 생기는데 시간 계획을 배우기 전에 무엇이 있을지 먼저 함께 생각해 볼까? 다음의 내용은 실제로 시간 관리를 열심히 하는 친구들이 경험한 내용들인데, 우리 친구들도 시간 관리를 통해 이런 멋진 일들이 일어나길 바랄게.

> ❝
> 작심(作心)은 마음을 굳게 먹는다는 뜻입니다. 그래서 '작심삼일(作心三日)'은 사흘을 두고 신중히 결정을 내린다는 의미도 되고, 굳게 먹은 마음이 사흘 만에 흐지부지된다는 뜻도 되지요. 보통 우리는 부정적인 의미로 작심삼일이란 말을 더 많이 씁니다. 이와 비슷한 의미로 쓰이는 말에는 '고려공사삼일(高麗公事三日)'이 있습니다. 고려의 정책이나 법령이 사흘 만에 바뀐다는 뜻으로 시작만 했을 뿐 일이 오래 지속되지 못할 때를 이르는 말이지요. 두 경우 모두, 너무 큰 뜻을 품어 무리한 계획을 세웠거나 현실은 돌아보지도 않은 채 실현 가능성 없는 계획을 세운 데서 그 원인을 찾을 수 있을 것입니다. 목표를 세울 때 냉정히 따져 보세요. 내 목표가 작심삼일, 고려공사삼일이 되면 안 되겠죠?
> ❞

" 공부하고자 하는 동기가 높아졌어요. 분명한 목표와 계획을
세우니까 그것을 이루고자 하는 마음도 더 커졌어요."

"훨씬 자유로워요. 계획 없이 지내다 보면 무언가 중요한 것
을 빠뜨리고 있는 것은 아닌가 하고 괜히 불안해 질 때가 있
었는데, 미리 해야 할 일들을 계획하게 되니까 공부할 때는
공부에 집중할 수 있고, 놀 때는 마음 편하게 신나게 놀 수 있
어요."

"부모님의 잔소리가 줄었어요. 어떨 때는 뭘 해야 하는지도 모
르고, 할 일이 있어도 미루게 되어서 부모님이 걱정을 많이 하
셨는데, 해야 할 일들을 스스로 계획을 세워 해 나가니까, 부
모님하고 충돌할 일이 없어지네요. 또 오늘 하루 계획을 미리
알려드리면 놀 때도 덜 간섭하세요."

" 성취감을 느낄 수 있어요. 그 전에는 숙제처럼 시키는 공부에
만 매달렸는데, 내가 세운 목표와 계획대로 공부하니까 더
기분이 좋아요."

"시간이 늘어난 것 같아요. 헛되이 낭비하는 시간이 줄어드니까
내 시간이 20% 정도 더 늘어난 것 같아요. 1년이 14개월이 되는
셈이네요."

와! 이렇게만 된다면 정말 좋겠지? 하지만 아직까지는
시간에 대해서 좋은 습관보다는 나쁜 습관이 더 많을 것
이기 때문에 이런 좋은 점들을 자신의 것으로 만들려면
그만큼 노력이 필요하다는 것을 꼭 명심하길 바랄게.

심리학 상식 – "할 일이 없는 것의 괴로움"

가끔은 정말 아무것도 안 하고 그냥 방에 며칠이고 가만히 누워 있었으면 좋겠다는 생각이 들 때가 있습니다. 집에서 기르는 애완동물들이 아무것도 안 하고 주인이 주는 밥만 먹고 하루 종일 빈둥거리는 모습을 보면 '개팔자가 상팔자'라는 옛 말이 맞는 것 같기도 한데요. 때로 몸과 마음이 지칠 때는 그렇게 한 번 푹 쉬는 것이 필요할 때도 있습니다. 하지만 사람은 너무 할 일이 없거나 아무것도 안 하고 있는 시간이 길어지면 할 일 많고 바쁠 때보다 더 큰 고통을 경험하게 됩니다.

도날드 헵이라는 심리학자가 대학생들을 대상으로 실험에 참가할 사람을 모집했습니다. 참가자들이 해야 하는 일은 아주 간단한 것이었습니다. 그저 아무것도 안 하고 침대에서 최대한 오래 누워 있으면 되는 것이었습니다. 이렇게 침대에서 '버티기만' 하면 밖에서 일을 해서 벌 수 있는 것보다 훨씬 많은 돈을 참가비로 받을 수 있었습니다. 실험에 동의한 참가자들은 '아무것도' 안 해야 하기 때문에 소리와 빛이 차단된 방음이 잘 되어 있는 캄캄한 방에 들어가 아주 부드러운 옷을 입고 장갑을 끼고 푹신한 침대에 가만히 누워 있었습니다. 물론 식사하는 시간과 화장실에 가는 시간은 예외였지요. 이렇게 빈둥거리면서 돈을 벌 수 있다니 정말 신나는 경험이었겠지요? 하지만 이 실험을 이틀 이상 버틴 사람은 거의 없었습니다. 너무 괴로웠기 때문입니다. 하루가 지나자 참가자들은 생각을 집중할 수 없다는 것을 알게 되었고, 머릿속이 너무나 혼란스러웠다고 합니다. 이틀이 지나자 간단한 덧셈도 할 수 없을 만큼 정신이 흐려졌고, 캄캄하고 조용한 방에서 무언가 어른거리고 소리가 들리는 듯한 환각도 나타나기 시작했습니다. 버티기만 하면 매일 많은 돈을 받을 수 있었음에도 극도의 무료함이 주는 고통은 견디기 힘들었던 것입니다.

우리가 밥을 먹을 때에도 여러 가지 영양소를 골고루 먹어야 몸이 건강하듯이, 우리의 마음도 일과 휴식이 골고루 섞여 있어야 비로소 균형을 찾을 수 있습니다. 매일 놀기만 하거나 매일 가만히 쉬기만 한다면 당장은 편해 보일지 몰라도 곧 지긋지긋한 무료함으로 바뀌게 됩니다. 해야 할 일이 있고, 또 쉴 수 있는 시간이 있다면 그것이 가장 건강하고 행복한 순간이라는 것을 오늘 하루의 삶 속에서도 느낄 수 있게 되기를 바랍니다. 그리고 그러한 균형을 유지하기 위해서는 시간 관리가 필수적이라는 점도 명심하세요.

우선순위 세우기

학교에 갔다가 집에 돌아오면 우리 친구들은 어떤 일을 가장 먼저 할까? 공부, 간식 먹기, TV 보기, 컴퓨터 게임하기, 친구들과 놀기, 낮잠 자기 등 참 많은 일들을 할 수 있는데, 아마 어떤 일을 먼저 하는지도 습관이 들어 있을 것 같아. 예를 들어, 학교에서 돌아와서 먼저 숙제를 해치우는 습관이 든 사람은 늘 그렇게 하겠지만, 집에 오자마자 TV와 컴퓨터를 켜는 사람은 언제나 그런 행동을 보일 거야.

해야 할 일은 해야 하니까

우선순위를 정해 볼까

만일 사람에게 주어진 시간이 무한하다면 까짓것 아무거나 마음 내키는 대로 하면서 살아도 아무 문제가 없겠지만, 앞서 배웠듯이 시간은 '한정된 자원'이기 때문에 '하고 싶은 일'만 하다가는 '해야 할 일'을 다 하지 못하게 되거든. 이렇게 주어진 어떤 시간 동안에 할 수 있는 일은 오직 하나뿐이기 때문에 미리 순서를 정해 놓을 필요가 있어. 특히 학년이 올라가거나 상급 학교로 진학하게 되면 갑자기 해야 할 일이 많아지는데 일의 순서를 알지 못하면 우왕좌왕하기 쉽단다. 하지만 오늘 배우게 될 '우선순위 세우기'에 대해 이해하고 나면 이런 문제를 훨씬 쉽게 해결할 수 있을 거야.

이탈리아의 경제학자 파레토는 전체 인구의 비중과 그들이 소유하고 있는 부의 정도 사이에 어떤 규칙이 있음을 발견했다고 해. 대략 전체 인구의 20%가 전체 부의 80%를 차지하고 있다는 것이었는데, 이러한 원리를 '파레토의 법칙' 혹은 '20/80 법칙'으로 불러. 이 법칙은 경제적인 현상뿐만이 아니라 다른 많은 현상에도 동일하게 적용할 수 있는데, 예를 들면 다음과 같아.

토막 시간이란?

어떤 일을 하는 사이에 있는, 내가 특별히 활용하지 못하는 길지 않은 시간을 말해요. 수업 중간의 쉬는 시간, 점심 식사 후 남는 시간, 학교나 학원으로 이동하는 교통수단 안에서의 시간 등을 들 수 있지요. 대략 하루 동안 주어지는 쉬는 시간이 60분, 점심시간 후에는 30분, 통학 시간은 30분이라고 생각했을 때 우리에게 주어진 토막 시간은 결코 짧지 않답니다. 찾아보면 우리에게는 이렇게 쓸 만한 시간이 많이 숨어 있어요, 이 시간들을 잘 활용해 보자고요.

"국내 총생산의 80%는 인구의 20%가 만들어 낸다."

"내가 받는 전화의 80%는 아는 사람 중 20%가 거는 것이다."

"어떤 회사의 총수익은 제품의 20%에서 발생한다."

"내가 주로 접속하는 사이트는 알고 있는 사이트의 20%에 해당한다."

"나에게 가장 중요한 일의 80%는 하루 중 20%의 시간 동안에 이루어진다."는 것이야.

특히 마지막 예에서 알 수 있듯이, 사람들이 항상 중요한 일에 매달려 사는 것 같지만, 정작 자신의 목표를 이루는 데 필요한 중요한 일을 하는 시간은 생각보다 많지 않다는 것에 주목할 필요가 있어. 누구에게나 하루 24시간이 주어지는 것 같지만, 그 시간의 1/3 정도는 잠을 자야 하고, 또 나머지 1/3은 학교 가기, 과외, 학원 가기와 같은 '이미 짜인 일'로 차 있기 때문에 내 자신만의 계획을 실천할 수 있는 시간은 그리 많지 않은 것이지. 그나마 남아 있는 1/3의 시간을 만화책이나 TV로 헛되이 보내고 있다면 그건 정말 안타까운 일이지. '파레토의 법칙'을 우리의 시간 관리에 적용하면 자신에게 가장 소중한 시간이 언제인지 이해하고 최대한 아껴서 사용하기 위한 노력이 필요하다는 교훈을 배울 수 있어. 따라서 자신에게 가장 소중한 시간이 언제인지 이해하고 최대한 아껴서 사용하기 위한 노력이 필요하다는 거야.

그렇다면 나에게 가장 소중한 시간 동안 가장 중요한 일들을 먼저 하는 것, 그것이 바로 성공적인 시간관리라고 할 수 있는 거야. 무엇을 먼저 할 것인지 결정하는 것을 '우선순위 세우기'라고 불러. 언뜻 일의 순서를 정한다는 게 별 것 아닌 것 같지만, 실제로 적용하는 것은 의외로 쉽지 않아. 그래서 방법을 익히고 연습할 필요가 있어.

우선순위 세우기를 연습하려면, 먼저 내일 하루 동안 해야 할 일들을 떠오르는 대로 써 봐야 해. 공부는 물론이고 우리 친구들이 생활하면서 해야 하는 일, 하게 되는 일들은 어떤 것이든 포함시켜도 좋아. 예를 들면, 학교에서 배운 국어 수업 복습하기, 학원 숙제하기, 게임하기, TV 보기, 운동하기 등 여러 가지가 있겠지. 목록을 다 만들고 나면 어떤 일부터 하는 것이 좋을지 나름대로의 순서를 만들어 보도록 하자.

내일 하루 동안 해야 할 일들	순서

어때? 할 일을 쓰고 순서를 정하는 게 그리 쉽지는 않지? 사실, 우선순위를 결정하는 것은 생각보다 어려운 일이야. 앞에서 연습한 것처럼 평상시 해야 할 일을 정하는 것도 어렵지만, 시간이 없고 할 일이 많을 때(예: 시험 기간)는 더더욱 혼란스럽고 어려운 일이 될 수 있어. 하지만 지금부터 나오는 방법을 잘 이해하고 적용하면 비교적 쉽게 일의 순서를 정할 수 있단다.

우선순위를 결정하려면 크게 두 가지의 기준이 필요한데, 한 가지는 그 일의 '중요도'이고, 다른 한 가지는 일의 '긴급도'야. 이 두 가지 기준을 그림으로 표시하면 다음 페이지와 같은 표를 만들 수 있어. 일의 중요도를 결정하려면 반드시 확인해야 하는 것이 있는데 바로 '목표'가 무엇인지 미리 결정해 놓아야 해. 만약 자신이 세운 목표가 '국어 점수를 10점 향상시키자.'라면 그 목표와 관련된 일이 바로 '중요한'일이 되고 목표와 별로 관련이 없는 'TV 보기'는 별로 중요하지 않은 일이 되지. 반면 '급한 일'의 기준은 그 일을 반드시 끝마쳐야 하는 시간, 즉 '마감시간'이 얼마나 멀고 가까운지의 여부로 결정할 수 있어. 가령 내일까지 해야 하는 숙제가 있다면 그것은 '급한 일'에 해당되는 것이고, 다음 번 기말고사 시험 준비는 시간상 '덜 급한 일'로 나눌 수 있어.

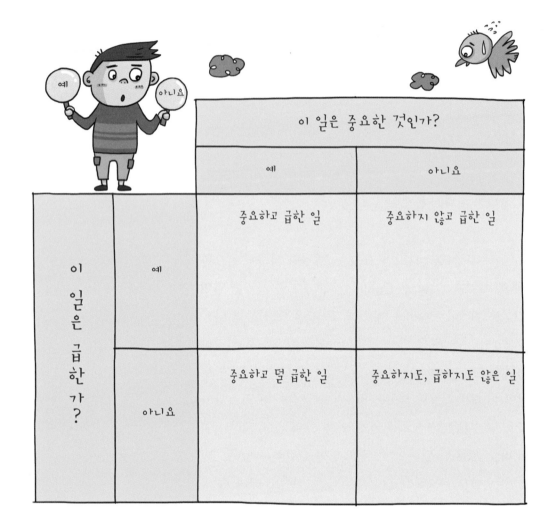

		이 일은 중요한 것인가?	
		예	아니요
이 일은 급한가?	예	중요하고 급한 일	중요하지 않고 급한 일
	아니요	중요하고 덜 급한 일	중요하지도, 급하지도 않은 일

앞에서 적어 본 할 일 목록에 적었던 일들을 이 표에 한 번 적용해 보자. 일단 우리가 공부에 관련된 것을 다루고 있으니까 목표는 성적에 관련된 것으로 잡고, 그것을 기준으로 '중요도'와 '긴급도'를 나누어 보는 거야. 해야 할 일들을 네 가지 칸에 나누고 나면 순서를 정하는 것은 아주 쉽단다. 가장 먼저 해야 할 일, 즉 1순위의 일은 '중요하고 급한 일'이 되는 것이고, 2순위의 일은 '중요하지만 덜 급한 일' 그리고 3순위는 '중요하지 않지만 급한 일'이 되는 것이지.

우선순위는 미리 정해 놓아야 도움이 된단다. 잠들기 전에 내일 해야 할 일 중에서 순서에 맞게 가장 중요한 일은 1번, 그다음은 2번, 마지막은 3번에 기록하는 거야. 이러한 할 일 목록만 미리 만들어도 우리는 무엇을 할지 주저해야 하는 시간도 줄일 수 있고, 자신이 하고 있는 일에 대한 집중력도 높일 수 있단다.

1순위에 해당하는 일(중요하고 급한 일)부터 처리하면 성취감도 있고 훨씬 기분이 좋아진다는 것을 알 수 있을 거야. 놀 때도 부담 없이 신나게 놀 수 있기 때문에 스트레스도 덜 받게 되지. 하지만 4순위의 일(중요하지 않고 급하지도 않은 일)을 먼저 하게 되면 뒤에 중요하고 급한 일들이 남아 있기 때문에 놀면서도 불안하고, 막상 할 때는 조급하고 집중이 잘 되지 않아. 사실, 우선순위만 잘 정해서 생활해도 시간관리의 반은 성공한 것이라고 볼 수 있단다. 그럼, 오늘부터는 우선순위에 따라 즐겁고 신나게 생활하길 바랄게.

오늘의 속담

당신이 잘못된 길을 아무리 멀리 와 버렸다 할지라도 걱정하지 마십시오. 되돌아가면 되는 것입니다. —터키 속담

처음엔 단순히 좋은 공부 습관이 도대체 어떤 걸까, 내 공부 습관은 몇 점일까 하는 궁금증 때문에 이 책을 펼쳤겠죠? 그런데 점점 마음이 무거워진 친구들도 분명 있을 거예요. 나의 공부 습관에 정말 문제가 있나 봐. 나도 정말 좋은 공부 습관을 가질 수 있을까 하는 의문들이 들었을 테니까요. 하지만 너무 걱정 마세요. 위의 터키 속담처럼 잘못된 공부 습관은 바로 잡으면 그만이니까요. 자, 기운을 차리고 다시 도전해 보자고요.

심리학 상식 — "공부하기 싫을 때 몸도 아픈 이유"

시험이 다가오거나 공부가 너무 하기 싫을 때, 가끔 몸이 아픈 것 같은 느낌을 받을 때가 있습니다. 왠지 소화도 잘 안 되는 것 같고, 책상에 앉아 있는 동안 눈이나 허리가 쉽게 피로해지고, 심하면 감기나 몸살이 생긴 것처럼 찌뿌둥할 때가 있는데요. 병원에 가도 별 이상이 없다고 할 때가 있고, 난 진짜 몸이 아픈 것 같은데 '꾀병'이라는 오해를 받으면 억울해서 더 아프기도 합니다. 신기한 것은 하기 싫은 일을 어떻게든 끝내게 되거나, 괴롭게 느껴졌던 시험이 끝나게 되면 갑자기 기운이 펄펄 솟는 느낌을 받게 되는 것입니다. 때로는 마음에 따라 몸의 상태도 왔다갔다하는 것 같습니다.

시험과 같이 중요하고 부담스러운 일을 앞두게 되면 평상시와 달리 우리 몸과 마음은 긴장 수준이 높아집니다. '긴장한다'는 것은 앞으로 닥치게 될 스트레스를 잘 이겨 내기 위한 우리 몸의 방어 체계가 '준비됐음'을 알려 주는 일종의 신호입니다. 하지만 같은 일이라도 우리는 스트레스를 똑같이 받는 것은 아닙니다. 시험을 예로 들면, 미리 계획적으로 공부했던 사람이라면 중요한 시험도 그렇게 나쁘지만은 않을 수 있습니다. 오히려 자신의 실력을 확인해 볼 수 있는 좋은 기회로 생각해서 즐겁게 준비할 수 있겠지요. 하지만 걱정만 하고 평상시 아무런 준비를 하지 않은 사람은 시험에 대해 더욱 불안하게 생각할 수 있고 남들보다 더 큰 스트레스를 겪게 되는 것입니다.

스트레스는 이렇게 우리의 마음에서 시작되지만 그 영향은 우리 몸을 통해 나타납니다. 흔히 스트레스는 우리의 신체를 지치고 피곤하게 만들 수 있는데, 그 이유는 체내에 피로물질의 일종인 젖산이라는 것이 쌓이기 때문입니다. 이런 피로물질이 늘어나는 반면 신체의 에너지원인 포도당은 스트레스를 받는 동안 마치 핸드폰의 배터리가 줄어들듯이 점차 감소하기 때문에 우리 신체는 병을 이겨 낼 수 있는 저항력이 점점 감소하기 시작합니다. 그런 기간이 길어지면 괜히 몸이 아픈 것 같고, 감기에도 쉽게 걸리게 되는 것이랍니다.

힘들고 어려운 일이 닥칠수록 자신의 마음을 먼저 살펴보아야 합니다. 시험 성적은 누구나 잘할 때가 있으면 떨어질 수도 있는 것이며, 반대로 잘 못했다면 언제든 노력을 통해 올릴 수 있는 것입니다. 중요한 것은 노력의 과정이지 어떻게 될지 모르는 결과를 걱정하는 것이 아닙니다. 지혜로운 나그네는 지금 걷고 있는 길의 풍경을 즐길 줄 안다고 합니다. 언제 목적지에 도착할지 걱정하는 사람은 그런 생각에 시달리며 몸과 마음을 지치게 하고 결국 그런 자신의 생각이 '먼 길'보다 더 큰 장애물이 되는 것입니다.

08

계획표 만들기

시간을 정복하는 자는 세상을 정복할 수 있다!

어때, 멋진 말이지? 사실 자신의 삶을 원하는 방향으로 이끌어 가는 것은 세상을 정복하는 것 못지않게 어려운 일이란다. 하지만 우리 친구들은 이제까지 시간 관리에 대해 살펴본 내용을 토대로 그 전보다는 더 즐겁고 보람찬 생활을 할 수 있는 준비가 되었을 것 같아. 실천할 수 있는 목표도 세울 수 있게 되었고, 해야 할 일의 목록도 짜 보았고, 어떤 것을 먼저 할지 우선순위도 정할 수 있게 되었어. 하지만 여전히 이것만으로는 오늘 당장 무엇을 해야 하는지 결정하기에는 좀 부족한 감이 있어. 꾸준한 시간관리를 위해서는 그러한 모든 것들을 한눈에 쉽게 알아볼 수 있도록 정리할 수 있는 도구가 필요한데, 그게 바로 '계획표'야.

우리 친구들은 이미 나름대로의 계획표를 가지고 있단다. 학교 수업 계획표나 알림장에 할 일을 쓰는 것, 또는 방학마다 그리는 생활계획표도 사실은 계획표라고 볼 수 있어. 하지만, 이런 계획표들은 우리 자신만의 꿈이나 목표와는 별로 상관이 없을뿐더러 잘 지켜지지 않기 때문에 우리 친구들에게 딱 맞는 계획표를 그리려면 좀 다른 방법이 필요하단다. 계획표에는 크게 두 종류가 있어. 한 가지는 우리가 잘 알고 있는 '동그라미'야. 조금 어렵게 얘기하면 '시간 중심 계획표'라고 부르는데, 그 이유는 마치 시계처럼 해야 할 일을 시간을 중심으로 나열해 놓았기 때문이지. 또 한 가지는 수첩 모양의 다이어리에 해야 할 일을 기록하는 '과제 중심 계획표'로 여러분들이 자주 사용하는 알림장과 비슷한 거야. 이 두 가지 계획표는 우리가 가장 흔히 사용하는 계획표 만들기 방법으로 나름대로의 편한 점도 있지만, 꾸준히 실천하기에 어려운 단점이 있단다. 두 가지 계획표를 정리하면 다음과 같아.

〈시간 중심 계획표〉

장점	• 언제 어떤 일을 해야 할지 쉽게 알 수 있다.
단점	• 계획을 수정하기 어렵다. • 한 가지 일이 밀리면 다른 일에도 영향을 받는다. • 하루 종일 무슨 일이든 기록하기 때문에 보기에 부담스럽다.

〈과제 중심 계획표〉

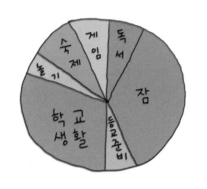

장점	• 할 일만 기록하기 때문에 시간의 구애를 받지 않고 일을 처리할 수 있다. • 계획을 수정하는 것이 쉽다.
단점	• 시작 시간과 끝낼 시간이 없기 때문에 일을 미루기 쉽다.

이 그림에서 알 수 있듯이 '시간 중심 계획표'와 '과제 중심 계획표'는 장점도 있지만 실천에 어려움을 주는 단점도 있어. 그래서 좋은 계획표를 만들려면 이 둘 중의 한 가지 방법만 사용하는 것은 바람직하지 않단다. 두 가지 방식의 장점이 고루 사용되도록 하는 것이 좋은데, '장점'을 사용한다는 것은 그만큼 실천하기 쉬운 계획표를 만든다는 뜻이야.

좋은 계획표

좋은 계획표는 다음과 같은 꼬마 계획표 삼총사가 모여서 전체 계획표를 이루게 된단다. 계획표 삼총사의 첫째는 '기본계획표'라고 부르고, 둘째는 '주간계획표', 막내 셋째는 '일일계획표'라고 불러.

기본계획표는 '기본'이라는 말에서 알 수 있듯이 꼭 해야만 하는 일들을 기록하는 거야. 부모님에게 일주일 용돈을 받은 친구가 대책 없이 군것질이나 게임을 하는데 돈을 다 써 버려서 학교 준비물이나 학용품처럼 '꼭' 필요한 것을 살 돈이 없어지면 곤란하겠지? 용돈을 잘 관리하려면 꼭 써야 하는 돈을 미리 계산해 놓아야 하듯이, 꼭 해야만 하는 정해진 일들(잠자기, 학교, 학원, 과외 등)을 기본계획표에 먼저 기록해 놓는 거야. 그다음 남아 있는 빈칸들은 내가 원하는 일을 위해 자유롭게 사용할 수 있는 것이지. 이렇게 '내 마음대로 쓸 수 있는 시간'을 '가용 시간'이라고 부를게. 기본계획표에 꼭 해야만 하는 일들을 다 기록하고 나면 하얗게 비어 있는 칸들의 개수를 세어 보도록 하자. 그 수가 바로 가용 시간이 되는 거야. 가용 시간 동안에는 공부만 하는 것이 아니겠지? 공부와 휴식의 균형을 잘 맞출 수 있으려면 미리 해야 할 일들을 정해야 하는데 그것은 둘째인 '주간계획표'가 도와준단다.

주간계획표에는 한 주 동안에 해야 하는 일(공부나 숙제)을 미리 쓰는 거야. 예를 들어, 다음 주에 시험이 있다면

토막 시간 활용법

공부거리 가지고 다니기
책이나 단어장을 가지고 다니면 줄을 서서 기다리거나 차가 막힐 때 활용할 수 있어요.

mp3 플레이어 활용하기
글자를 읽는 것이 불편할 때 자신의 목소리로 녹음한 교과 내용을 들으면 색다른 재미와 학습 효과를 맛볼 수 있어요.

*수업 시간 직후 배운 내용을 간단히 점검해도 놀라운 복습 효과를 얻을 수 있어요.

'시험 준비'라고 쓰고 공부에 필요한 분량도 함께 기록하는 것이지. 간혹 숙제 같은 경우에는 수업 시간에 갑자기 알려 주는 경우가 있는데, 그럴 때는 주간계획에 추가해서 쓰면 되겠지. 주간계획표에 들어가는 시험 준비나 중요한 숙제 같은 것은 한 번에 다 하기에는 좀 덩어리가 크겠지? 그래서, 한 번에 할 수 있는 만큼 나눌 필요가 있는데, 그것은 삼총사의 막내인 '일일계획표'가 맡고 있단다.

일일계획표는 주간계획표에 있는 일을 그날그날 할 수 있는 만큼으로 작게 나누어 기록하면 돼. 계획을 잘 실천하지 않는 이유가 한 번에 많은 양의 공부나 일을 계획하기 때문이라는 점을 꼭 명심하고 자주 나누어 공부할 수 있도록 계획을 세우는 것이 현명하단다. 이런 것을 '분산학습'이라고 부르는데, 같은 일을 하더라도 나누어 자주하면 집중도 잘되고 벼락치기보다 훨씬 편하다는 것을 알게 될 거야. 일일계획을 세우는 데 반드시 명심해야 할 것이 있는데, '시작 시간과 끝시간' '정확한 분량'을 빠뜨리면 안 된단다. 시간도 안 정하고 얼마나 할지를 정하지 않으면 일을 자꾸만 미루게 되고, 시작한다 하더라도 '분량'이라는 작은 목표가 없기 때문에 앞부분만 대충하다가 그만둘 수 있기 때문이야. 처음에는 시간과 분량을 잡는 게 잘 안 되겠지만, 몇 번 계획을 세우다 보면 자신이 한 시간 정도에 할 수 있는 대략의 분량에 대한 감을 잡을 수 있게 된단다. 그럼 꼬마 계획표 삼총사에 대한 설명을 다음 표에 요약해 볼 테니, 다시 한번 확인해 보길 바랄게.

분산학습법

자주 나누어 공부하는 것을 '분산학습'이라고 부릅니다. 한꺼번에 여러 가지 일을 할 수 없듯이 같은 일을 하더라도 나누어 자주하면 집중이 훨씬 잘되는 것을 경험한 적이 있을 겁니다. 이런 것을 공부에도 적용해 보면 벼락치기보다 훨씬 편하다는 사실을 금세 알 수 있을 거예요.

〈꼬마 계획표 삼총사〉

종류	내용	알 수 있는 것
기본계획표	자는 시간, 식사시간, 수업 시간, 학원 가는 시간과 같이 '이미 짜여 있는 일들, 굳이 계획을 하지 않아도 해야만 하는 일들'을 기록합니다. 반면 TV 보기나 자기, 공부 시간과 같은 것은 마음 먹기에 따라 다른 일을 할 수도 있기 때문에 포함되지 않습니다.	• 한 주 동안에 해야 하는 정해져 있는 일들의 시간 • 스스로 계획해서 쓸 수 있는 시간의 양 • 공부하기 좋은 시간대
주간계획표	그 주 안에 마무리를 해야 하는 일들을 기록합니다. 숙제, 시험, 특별히 신경 써야 할 과목들을 미리 적어 봅니다. 주말에는 밀린 일을 해치울 수 있도록 여유시간을 따로 마련하면 좋습니다.	• 한 주 동안에 해야 할 숙제 • 평소에 공부해야 할 과목과 분량(페이지수) • 자신이 일주일 동안 하는 전체 학습량
일일계획표	주간계획을 하루에 다룰 수 있는 정도로 작게 나눕니다. 하루가 시작되면 일일계획에 있는 일들을 가장 먼저 하면 됩니다. 고민할 필요 없이 바로 공부를 할 수 있기 때문에 헛되이 낭비되는 시간도 줄일 수 있고 집중력도 높여 줍니다.	• 그날 해야 하는 공부 • 공부 시작 시간과 끝 시간 • 해야 할 일의 우선순위

이제 이 꼬마 계획표 삼총사를 모두 모으면 다음과 같은 모양이 될 수 있어. 꼭 이렇게 만들어야만 하는 것은 아니고 좋은 계획표 삼총사가 포함될 수 있다면 자신한테 더 편리한 모양으로 얼마든지 바꾸어 사용해도 된단다. 이제까지 만들어 왔던 계획표보다 좀 복잡해 보이지만, 요령을 이해하고 몇 주 정도만 연습하면 어렵지 않게 만들 수 있어. 무엇보다 실천하기도 좋고 일주일 계획을 한 눈에 확인할 수 있다는 장점이 있으니까 오늘부터 꼭 적용해 보도록 하자.

여러분 오늘부터 꼭 실천해 보세요

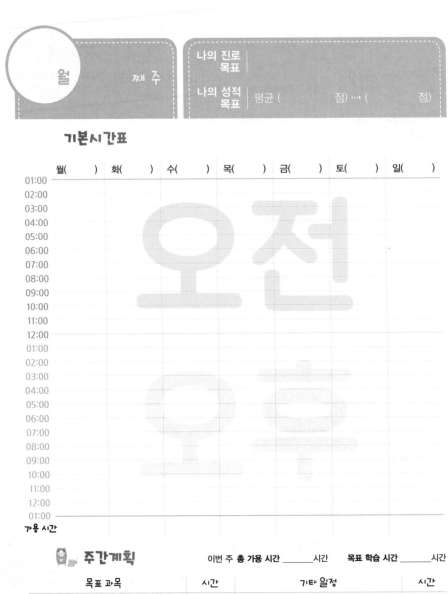

기본시간표

	월( )	화( )	수( )	목( )	금( )	토( )	일( )
01:00							
02:00							
03:00							
04:00							
05:00							
06:00							
07:00							
08:00							
09:00							
10:00							
11:00							
12:00							
01:00							
02:00							
03:00							
04:00							
05:00							
06:00							
07:00							
08:00							
09:00							
10:00							
11:00							
12:00							
01:00							

가용 시간

주간계획

이번 주 **총 가용 시간** _____시간   **목표 학습 시간** _____시간

목표 과목	시간	기타 일정	시간

〈기본계획표〉

월요일   월   일

- 목표와 주간계획을 확인했나요? ☐
- 오늘 해야 할 일을 우선순위에 따라 미리 결정했나요? ☐
- 공부에 방해되는 물건(컴퓨터, 만화책, 휴대폰 등)을 보이지 않게 치웠나요? ☐

1 **할 일**(과목):
시간: ( )시 ( )분 ~
( )시 ( )분
확인 ○ △ ✕

2 **할 일**(과목):
시간: ( )시 ( )분 ~
( )시 ( )분
확인 ○ △ ✕

3 **할 일**(과목):
시간: ( )시 ( )분 ~
( )시 ( )분
확인 ○ △ ✕

4 **할 일**(과목):
시간: ( )시 ( )분 ~
( )시 ( )분
확인 ○ △ ✕

5 **할 일**(과목):
시간: ( )시 ( )분 ~
( )시 ( )분
확인 ○ △ ✕

6 **할 일**(과목):
시간: ( )시 ( )분 ~
( )시 ( )분
확인 ○ △ ✕

7 **할 일**(과목):
시간: ( )시 ( )분 ~
( )시 ( )분
확인 ○ △ ✕

메모 / 잡생각 휴지통 🗑   놀이 계획

하루 평가

☺   😐   ☹

〈일일계획표〉

계획표를 만들어서 사용할 때는 몇 가지 유의점이 있단다.

첫째, 욕심을 부려서는 안 돼. 기본계획표를 만들고 나면 자신이 스스로 계획해서 쓸 수 있는 시간의 양을 알 수 있게 되는데, 처음에는 그중에서 20% 정도만 '자기 공부'에 사용하는 게 바람직해. 그 이상은 사실 지키기 힘들거든. 예를 들어, 꼭 해야 하는 일들을 빼고 일주일에 50시간 정도의 '가용 시간'이 있다면 이 중에 10시간 정도만 공부 계획을 세우는 거야. 시간은 나중에 조금씩 늘려 가면 된단다.

> **"**
> 욕심은 금물!
> 실패는 누구에게나!
> 하루아침에 이루어질
> 수는 없지만 우리의
> 인생을 좌우하는
> 시간 관리를 꾸준히
> 실천하자.
> **"**

둘째, 실패는 당연한 것이야. 충분히 지킬 수 있을 것 같은 계획도 막상 세워 놓고 실천해 보면 마음대로 되지 않을 때가 많지? 누구나 그럴 수 있는 것이니까 실망할 필요는 없단다. 처음 한두 달은 잘 지켜지지 않는 이유를 찾아 조금씩 개선해 나간다는 마음으로 하는 것이 좋아.

셋째, 최소한 세 달 이상은 해야 습관이 될 수 있어. 한두 번 하고 그치면 좋은 습관을 만들 수 없단다. 이것은 운동을 하는 것과 비슷한 거야. 운동을 통해 멋진 근육과 날씬한 몸매를 가꾸는 것은 멋진 일이지만, 최소한 몇 달, 몇 년은 해야 얻을 수 있는 것이지? 하물며 우리 친구들의 인생을 바꿀 수도 있는 시간 관리 방법이 하루아침에 될 리는 없다는 것을 명심하자.

마지막으로 실천을 잘하기 위해 도움이 되는 방법이 몇 가지 있는데, 이 중에 자신에게 맞는 방법을 찾아 적용해 보기 바랄게.

- 계획표를 눈에 잘 보이는 곳에 붙여 놓는다.
- 하루 전에 해야 할 일들을 미리 정해 놓는다.
- 먼저 공부하고 그다음에 논다.
- 우선순위를 정해서 제일 중요한 일부터 무조건 한다.
- 분량을 작게 나누어 공부한다.
- 스스로 약속을 만들어서 잘 지켰을 때는 자신에게 상을 준다.
- 부모님이나 친한 친구와 함께 만들어서 실천한다.

심리학 상식- "자신감도 키울 수 있을까요?"

평소에 늘 자신감이 부족해서 위축되어 지내는 사람도 있고, 언제나 넘치는 자신감으로 활기찬 모습을 보이는 사람도 있습니다. '자신감'이란 아직 결과는 알 수 없지만 원하는 결과를 얻기 위해 노력할 수 있으며, 또한 좋은 결과가 있을 것이라 기대하는 일종의 '믿음'이라고 볼 수 있습니다. 예를 들어, 따뜻한 봄 날 땀을 흘려 씨를 뿌리는 농부가 가을이 되어 땀 흘린 만큼의 열매를 거둘 수 있으리라는 '믿음'이 없으면 애써서 씨를 뿌릴 수 없을 것이고, 땀 흘려 논밭을 돌볼 수도 없을 것입니다.

'자신감'이 부족한 사람은 일단 목표를 잡는 것이 다릅니다. 자신이 없기 때문에 목표도 별로 높게 잡을 수 없고, 목표를 잡는다 해도 이룰 수 있다는 확신이 없다면 최선의 노력을 기울이지 않게 됩니다. 반면, '자신감'이 높은 사람은 좀 힘들고 어려울지 몰라도 나름대로 이룰 수 있다고 생각하는 조금 높은 목표를 정하고, 일단 목표가 결정되면 원하는 결과를 얻기 위해 최선의 노력을 기울입니다. 아직 아무런 결과도 알 수 없지만, 적어도 '최선의 노력'을 기울이기 때문에 그만큼 좋은 결과를 얻을 수 있는 가능성이 높아집니다. 그리고 비록 일이 잘 되지 않아서 원하는 만큼의 결과를 얻지 못한다 하더라도 실패 속에서 배울 점을 찾아 다음번에는 더 잘할 수 있는 방법을 스스로 터득하게 됩니다. 이런 과정 속에서 자신감은 점점 더 크게 성장하게 됩니다.

공부하는 동안에도 이런 자신감은 아주 중요한 역할을 합니다. 시험을 앞두고 저번 시험보다 성적을 올리겠다는 목표를 잡고 공부를 할 때, 자신감이 부족한 사람은 '혹시 성적이 더 떨어지면 어떻게 하지?'라는 부정적 기대를 더 많이 하기 때문에 공부를 하는 동안 불안해지기 쉽습니다. 불안하고 기분이 안 좋은 상태에서는 집중도 잘 안 되기 때문에 결국 최선의 노력을 하지 못하게 되지요. 최악의 경우 '어차피 해도 안 될 텐데.'라는 생각에 이르게 되면 노력을 포기하게 될 수도 있습니다. 반면 자신감이 높은 사람은 '비록 지금은 힘들지만 끝까지 노력하면 좋은 성적을 받을 수 있을 거야.'라는 생각으로 어려운 상황에서도 끝까지 노력을 하게 됩니다. 또한, 결과에 연연하기보다 최선을 다하는 모습이 중요하다고 생각하기 때문에 불안해하기 보다는 '도전감'을 느끼게 되고 열심히 할 수 있는 힘을 얻게 되는 것이지요.

자신감은 타고 나는 것이 아니라 만들어지는 것입니다. 자신감을 키울 수 있는 몇 가지 방법이 있는데, 다음과 같습니다. 첫째, 작은 성공은 더 큰 성공을 불러올 수 있습니다. 처음부터 어려운 목표를 선택하기보다는 '노력하면 저 정도는…'이라고 생각할 수 있는 목표를 정해야 합니다. 예를 들어, 공부를 전혀 안 하던 사람이 갑자기 하루에 두세 시간의 공부 계획을 세우는 것은 실패하기 쉽습니다. 처음에는 하루에 30분 만이라도 지키겠다는 목표를 가지고 시작하는 것입니다. 30분이 지켜진다면 그다음에는 40분도 가능해집니다. 한 그루의 나무가 오랜 세월 꾸준히 자라듯이 자신감도 조금씩 서서히 자라 가야 합니다. 느리기는 해도 한 번 성장한 자신감은 쉽게 꺾이지 않습니다. 둘째, 주변에서 자신감이 높은 사람을 잘 관찰하고 그 사람의 행동에서 배우는 것입니다. 예를 들어, 공부에 자신이 없다면 공부 잘하는 친구의 행동을 살펴보세요. 수업 시간에 어떤 태도를 가지고 있는지, 노트필기는 어떻게 하는지, 계획은 어떤 식으로 세우는지 배울 점이 많이 있습니다. 모두 자신에게 들어맞지는 않겠지만, 틀림없이 자신감을 키우는 데 도움이 되는 점을 발견할 수 있을 겁니다. 셋째, 다른 사람의 도움을 받는 것입니다. 어렵고 잘 안 되는 일을 혼자서 끙끙거리는 것은 최선의 방법이 아닙니다. 부모님이나 선생님과 같이 내가 적극적으로 원한다면 도움을 줄 수 있는 사람은 많이 있습니다. 도움을 받아서 혼자 하기 힘들었던 문제를 해결하고 나면 나중에는 혼자서도 할 수 있는 힘을 가질 수 있습니다.

시험

09
시험 준비하기

먹구름이 가득한 날 비가 올 때면 하늘에서 번쩍하고 벼락이 칠 때가 있어. 1초도 걸리지 않는 짧은 시간 동안 일어나는 일이지만 어두운 밤이 눈부시게 환해지기도 하고 소리도 우렁차서 우리를 깜짝 놀라게 만들지. 그래서 '벼락 같다.'는 표현은 아주 짧은 시간 동안 강하게 일어나는 일들을 비유하는 데 자주 사용되는 것 같아. 그럼 시험에서의 '벼락치기'는 어떨까?

학교에서 치르는 가장 큰 시험은 중간고사와 기말고사야. 한 번의 시험을 치르게 되면 대략 두 달에서 세 달 동안 배운 내용이 시험 범위가 되지. 많은 친구들이 벼락치기를 하지만, 이렇게 많은 내용을 단 며칠만에 공부해서 시험을 치른다면 뭔가 문제가 생길 것 같지? 그래서인지 벼락치기 위주로 공부하는 친구들은 이런 어려움을 자주 얘기해.

"시험이 너무 부담스러워요."
"시험 때가 되면 뭐가 뭔지 하나도 모르겠어요."
"성적이 떨어질까 봐 너무 불안해요."
"공부한 내용이 잘 기억이 나질 않아요."
"조금밖에 공부를 못했어요."
"시험이 끝나면 공부한 내용을 까먹게 돼요."
"시험 없는 세상에서 살고 싶어요."

하지만 모든 친구들이 이렇게 시험을 어려워하는 것은 아니야. 평소에 좋은 공부 습관을 가지고 미리 미리 준비한 친구들은 벼락치기를 할 이유도 없고, 그만큼 시험을 힘들게 느끼지 않게 되지. 이런 친구들에게 있어 시험은 부담이기보다는 오히려 자신의 실력을 확인해 볼 수 있는 기회가 될 수 있단다.

오늘부터 시험은 '번쩍' 하고 지나가는 일이 아니고, 꾸준한 준비를 통해 이루어져야 하는 '과정'이라고 생각하도록 하자. 그럼 평소 공부와 달리 시험을 준비하는 방법과 시험에서 실수하지 않는 요령에 대해 설명하도록 할게.

시험의 준비

'지피지기면 백전백승'이라는 말을 들어 본 적 있니? 나를 알고 적을 알면 백 번 싸워 백 번 이길 수 있다는 뜻으로 전쟁에서 승리하기 위한 가장 기본적인 전략이란다. 시험에서도 마찬가지야. 계획이 없거나 막무가내로 계획을 세우면 절대로 원하는 성적을 받을 수 없단다. 좋은 계획을 세우기 위해서는 계획에 필요한 시험 정보를 잘 알고 있어야 해. 시험 계획을 세우기 전에 꼭 알아야 할 것들은 다음과 같은 것들이야.

> **"**
> 평소 수업 시간에
> 노트 필기를 열심히
> 했다면 이미 그 안에
> 시험을 준비하는
> 데 도움이 되는
> 많은 정보들을 가진
> 거야. 과목에 따라,
> 선생님에 따라 시험의
> 유형이나 나올 만한
> 문제가 다르기 때문에
> 가장 중요한 것은
> 노트 필기의 내용을
> 확인하는 것이지.
> **"**

※ 과목별 시험 범위는 어디까지일까?
※ 과목별로 시험을 치르는 날짜와 시간은?
※ 시험 범위에서 선생님이 특별히 중요하다고
  했던 부분은?
※ 시험은 몇 문제나 출제되지?
※ 문제의 유형은 어떨까? (객관식? 주관식?)
※ 어떤 유형의 문제에서 더 높은 점수를 줄까?

이런 정보를 알기 위해서는 시험 즈음에 선생님이 하시는 말씀에 귀 기울여야 하고, 잘 모르겠으면 다른 친구들에게 물어보는 것도 필요하단다. 혹시 이것 외에 더 알아야 할 것들이 있으면 각자 더 찾아보도록 하자.

시험 준비의 기본 원칙

모든 공부가 마찬가지이지만, 시험 공부를 하는 것에서 꼭 잊지 말아야 할 원칙이 있단다. 바로 분산 학습과 반복 학습이야. 좀 어려운 말들이니까 풀어서 설명해 줄게.

'분산'이라는 말은 한곳에 몰려 있지 않고 여러 곳에 흩어져 있다는 뜻이지? 그래서 분산 학습은 한 번에 몰아서 하지 않고 나누어서 공부한다는 것을 의미해. 예를 들어, 하루에 한 과목의 시험 공부를 모두 마치려는 것은 몰아서 공부하기에 해당되지. 벼락치기가 여기에 해당된단다. 그럼, 왜 몰아서 하는 것보다 나누어 공부하는 것이 좋은 것일까? 첫 번째 이유는 한 번에 많은 양을 공부하면 집중력이 떨어지기 때문이야. 운동을 할 때, '오늘은 팔 운동만 해야지.' 하고 계속해서 팔만 사용하면 얼마 못하고 지치게 되듯이, 비슷한 내용을 오랜 시간 붙들고 있으면 뇌가 훨씬 쉽게 피로감을 느낀단다. 수학을 일정 시간 공부하고 나면 잠시 쉰 다음 국어를 공부하고, 그다음에는 과학을 공부하는 식으로 서로 성질이 다른 과목을 골고루 섞어서 공부하면 같은 양이라도 훨씬 잘 집중할 수 있어. 몰아서 공부하는 것이 좋지 않은 두 번째 이유는 기억이 잘 되지 않기 때문이야. 하루 세끼에 나누어 먹어야 할 음식을 한 번에 먹게 되면 소화가 되지 않듯이, 한 번에 많은 양의 정보가 머릿속에 들어오면 장기기억으로 넘어가지 않는단다. 자주자주 나누어 넣어 줘야 알맞게 소화할 수 있는거야.

여기를 주목!

시험 계획을 세우기 전에 꼭 알아야 할 것들은 다음과 같은 것들이에요. 혹시 이것 외에 더 알아야 할 것들이 있으면 각자 더 찾아보도록 하세요.

* 과목별 시험 범위는 어디까지일까?
* 과목별로 시험을 치르는 날짜와 시간은?
* 시험 범위에서 선생님이 특별히 중요하다고 했던 부분은?
* 시험은 몇 문제나 출제?
* 문제의 유형은 어떨까? (객관식? 주관식?)
* 어떤 유형의 문제에서 더 높은 점수를 줄까?

'반복 학습'은 같은 내용을 여러 번 공부하는 것을 말해. 분산학습이 공부의 '양'에 대한 것이면, 반복 학습은 공부의 '횟수'에 대한 것이야. 앞에서 배운 '기억하기' 내용에서 살펴보았듯이 한 번 공부한 내용은 시간이 지나면 조금씩 머릿속에서 사라진단다. 이것을 막을 수 있는 유일한 방법은 공부한 내용이 사라지기 전에 반복함으로써 기억을 단단하게 다지는 것이야. 적어도 세 번 정도는 반복해서 공부해야 외우려는 내용들이 안전하게 시험 때까지 머릿속에 남게 되거든. 또 이렇게 공부하면 시험이 끝나고 나서도 잊혀지지 않게 된단다.

시험 계획 세우기

'분산학습'과 '반복 학습'의 원리를 적용해서 시험 준비를 하려면 시험 기간을 6:3:1의 비율로 나누어 계획을 세워야 한단다. 다음과 같이 이해할 수 있어.

전체 시험 기간에서	60%	30%	10%
해야 할 일	전체 과목의 내용을 이해하고 요약하기	문제 풀이를 통한 확인	최종 점검
공부의 재료	노트, 교과서, 참고서	문제집	요약 정리한 노트, 오답노트
공부 방법	정독하기, 이해하기, 암송하기	문제풀이, 오답노트 만들기	틀린 부분이나 중요한 부분만 확인하기, 암송하기

6:3:1의 원칙을 이용해서 실제로 계획을 세워 볼까? 만일 시험 범위가 다음과 같고 앞으로 10일 동안 시험을 준비해야 한다면 어떻게 계획을 세우는 것이 좋을지 각자 연습해 보자. 계획을 세우는 데 정답은 없으니 자신에게 가장 적당한 방법을 사용하면 된단다.

기말고사 날짜	12월 3~6일(월~목)	
시험일정표	첫째 날: 과학 둘째 날: 국어 셋째 날: 수학 넷째 날: 사회 ※ 이해를 돕기 위해 일부 과목만 예를 듭니다.	
시험 과목 및 범위	국어 – 3 ~ 5과 수학 – Ⅲ 도형의 닮음 사회 – 세계 제1차/2차 세계대전 과학 – 물상: 지구와 별 　　　생물: 자극과 반응	104 ~ 198쪽 70 ~ 116쪽 76 ~ 115쪽 160 ~ 196쪽 65 ~ 95 쪽
참고서와 문제집	국어 – 참고서 1권, 문제집 1권 수학 – 문제집 2권 사회 – 문제집 2권 과학 – 문제집 1권	

60%				
11월 24일	11월 25일	11월 26일	11월 27일	11월 28일
과학(지구와 별) 160~180 국어(교과서) 3과	과학(지구와 별) 181~196 국어(교과서) 4, 5과	과학(자극과 반응) 65~85 국어(참고서) 3, 4, 5과 사회(교과서) 76~90	수학(교과서) 70~85 사회(교과서) 91~100 과학(자극과 반응) 86~95	수학(교과서) 86~100 사회(교과서) 101~115
60%	**30%**			**10%**
11월 29일	11월 30일	11월 31일	12월 1일	12월 2일
수학(교과서) 101~116	과학(문제집) 전체 범위 국어(문제집) 3, 4과	국어(문제집) 5과 수학(문제집) 1권	수학(문제집) 1권 사회(문제집) 1권	과학 최종 점검

시험에서 실수하지 않는 방법

앞에서 설명한 요령대로 계획을 세웠고, 잘 지켰다면 이제 남은 것은 시험을 잘 치르는 것이야. 때로는 너무 자신이 없어서, 때로는 너무 자신감에 넘쳐서 시험 때 문제를 제대로 읽지 않거나 성급한 마음에 실수를 할 때가 많이 있어. 열심히 농사를 지은 농부가 하나의 열매도 잃고 싶지 않듯이, 실수하지 않도록 주의를 기울여야 해. 문제의 유형별로 실수하지 않을 수 있는 방법은 다음과 같단다.

- 시험지를 받으면 급하게 첫 문제부터 풀지 말고 문제지를 한 번 대강 훑어 봅니다. 문제가 얼마나 어려운지, 푸는 데 얼마나 시간이 걸릴지를 대충 생각해 본 후 문제를 풀기 시작합니다.
- 문제가 명확하지 않고 애매한 것 같으면 선생님께 질문합니다.
- 우선 순서대로 풀어 갑니다. 문제를 풀면서 알쏭달쏭, 의문이 생기는 문제는 'V' 표시를 했다가 나중에 다시 확인합니다. 모르는 문제를 오래 고민한다고 해서 생각나는 것은 아닙니다.

- '~ 아닌' '거리가 먼'과 같은 단어가 포함되는 문제를 읽을 때, 특히 주의해서 밑줄을 그어 가며 읽습니다.
- 여러 개의 정의나 내용이 들어 있는 문장의 경우에는 그중의 한 개만 틀려도 그것은 참이 아니므로 주의해야 합니다.
- 짝 맞추기 문제의 경우, 먼저 한쪽의 문제들을 중심으로 답을 찾습니다. 확실한 것들을 먼저 찾고 나머지를 찾으면 더 쉽게 답을 구할 수 있습니다.
- 문제풀이가 끝나면 마지막 몇 분 동안 전체적으로 검토하고 빠진 것은 없는지 다시 한 번 확인합니다.

시험이 끝나고 해야 할 일

'와~ 시험 끝났다!' 벼락치기로 시험 준비하느라 너무 고생을 해서 시험이 끝나자마자 시험지는 가방에 대충 구겨 넣고 교실 밖으로 뛰어 나가는 친구도 있지만, 어떤 친구는 시험이 끝나도 여전히 시험지를 들여다보고 있지. 바로 틀린 문제를 확인하고 있는 거야. 단지 몇 개를 맞고 틀렸는지를 보는 게 아니라, 왜 틀렸는지를 생각해 보는 거지. 이런 시간을 가지면 자신이 시험 준비에서 놓친 게 무엇인지, 다음에는 어떻게 해야 하는지를 알 수 있단다. 이 책의 앞부분에서 우리에게 '시행착오'라는 마법이 있다고 했는데 기억나니? 틀린 문제를 통해 다음에는 어떻게 해야 좋은 성적을 받을 수 있을지 생각해 본다면 그게 바로 시행착오의 마법이 일어나는 시간이란다. 공부 잘하는 친구들이 자주 사용하는 방법이니까 꼭 참고하자. 초등학교 때는 그럴 필요 없을지도 모르지만 앞으로 중학교나 고등학생이 되면 더 큰 시험들을 준비해야 하기 때문에 '오답노트'를 만들 필요가 있어. 특히, 자신 없는 과목이나 어렵게 느껴지는 과목은 오답노트가 다음 시험을 준비하는 데 큰 도움이 된단다. 오답노트를 만드는 방법은 틀린 문제를 오려 붙이거나 옮겨 적고, 그 아래에 왜 틀렸는지 이유와 무엇을 더 알아야 하는지에 대한 내용을 적는 거야. 그래서 다음 시험 전에 다시 확인하면 비슷한 실수를 하지 않도록 도와준단다.

핵심 요약
완벽 대비, 시험 준비!

- 먼저 시험에 관련된 정보를 정리한다.
- 분산 학습과 반복 학습의 원리를 이용해서 시험 기간을 6:3:1로 나누어 미리 계획을 세운다.
- 시험에서 실수하지 않는 요령을 생각해 본다.
- 시험이 끝나고 나면 틀린 문제를 중심으로 오답 노트를 만든다.

시험이 얼마 안 남아서 마음이 급하다고 닥치는 대로 공부하면 원하는 성적을 받기 어려워요. 한 시간 정도 차분히 계획을 세우면 그 한 시간을 통해 열흘간의 노력이 더 큰 열매로 돌아오지요.

이제까지의 내용을 요약할게. 벼락치기가 아닌 제대로 된 시험 준비를 하려면, 먼저 ① 시험에 관련된 정보를 정리하고, ② 분산 학습과 반복 학습의 원리를 이용해서, ③ 시험 기간을 6:3:1로 나누어 미리 계획을 세우고, ④ 시험에서 실수하지 않는 요령을 생각해 본 후, ⑤ 시험이 끝나고 나면 틀린 문제를 중심으로 오답노트를 만드는 거야. '급할수록 돌아가라.'는 속담이 있어. 시험 때라 마음이 급하다고 닥치는 대로 공부하면 원하는 성적을 받기 어렵단다. 잠시 마음을 가라앉히고 1시간 정도 차분히 계획을 세우면 그 한 시간을 통해 열흘간의 노력이 더 큰 열매로 돌아온단다.

심리학 상식 – "시험에서 답을 고치면 맞을 확률이 높을까? 틀릴 확률이 높을까?"

시험문제를 다 풀고 나서 남는 시간 동안에 다시 한 번 답을 검토하다 보면, 처음에 썼던 답이 아닌 다른 답이 맞는 것 같은 느낌이 들 때가 있습니다. 고민 끝에 답을 고치고 답안지를 제출했는데, 알고 보니 원래 쓴 답이 정답이었습니다. 쓸데없는 짓으로 점수가 깎이게 된 것이 너무나 억울하고 원통해서 시험이 끝나도 마음이 시원하지 않습니다. 이런 딱한 경험을 몇 번 하고 나면 '다음에는 절대로 답을 고치지 말아야지.'라는 결심을 굳히게 됩니다. 다음부터는 답안지를 검토하다가 좀 헷갈리게 되어도 원래의 답을 지조 있게 밀어 붙입니다. 물론 그 답은 틀릴 수도 있고 맞을 수도 있습니다. 도대체 어떻게 하는 것이 좋을까요?

스트로퍼라는 심리학자는 '첫 번째 예감이 최선이다.'라는 격언이 진짜인지 확인하기 위해 다지선다형 문제로 이루어진 시험 문제의 답안을 검토해 보았습니다. 방법은 간단했습니다. 답안지에서 고친 흔적(답을 바꾼 흔적)이 있는 것만 골라서 그것이 정답인지 여부를 계산해 본 것입니다. 그 결과 원래의 답을 고쳤을 때 맞을 확률이 틀릴 확률에 비해 무려 세 배나 높다는 것을 확인할 수 있었습니다.

다른 심리학자들이 같은 실험을 반복했을 경우에도 결과는 거의 동일했습니다. 그런데 우리는 왜 '답을 고치면 틀릴 확률이 높다.'고 믿게 되었을까요?

이것은 우리의 기억 현상과 관련이 있습니다. 사람의 기억은 중요하고 인상적인 것들을 우선시하게 되어 있습니다. 학년이 올라가서 새로운 친구들을 처음 만난 날, 집에 와서 기억나는 친구들은 자신에게 먼저 말을 걸었거나 유난히 활달해서 누구보다 눈에 잘 띄는 친구들입니다. 조용하고 말 한 번 못 나눈 친구들은 시간이 한참 지나야 서서히 알게 되고 기억됩니다. 매일 발생하는 자동차 사고는 기억하지 못해도, 1년에 한두 번 발생하는 비행기 사고는 많은 사람들이 관심을 가지게 됩니다. 그렇기 때문에 자동차 사고로 죽는 사람이 비행기 사고로 죽는 사람의 30배가 넘는데도 우리는 '왠지' 비행기 사고가 더 위험하게 느껴지는 것입니다.

답을 고쳐서 틀리는 것은 내 의도와 반대의 결과이기 때문에 너무나 원통하고 분하게 느껴집니다. 반면 답을 고쳐서 맞는 경우는 기분이 좋기는 하지만 내 의도와 맞는 일이기 때문에 틀리는 경우보다 우리에게 덜 강한 영향을 미치게 됩니다. 선생님들의 경우도 마찬가지입니다. 학생들의 답안을 채점하면서 고친 흔적이 있는 답이 틀린 것을 알게 되면 '아이구, 너무 아깝네. 뭐하러 고쳐 가지고!'라는 생각을 한 번 더 하게 됩니다. 결과적으로 우리에게 더 강하게 기억되는 것은 고쳐서 틀린 답에 대한 것이고, 기억이 강할수록 그런 사건의 확률도 높게 계산되는 것입니다. 결론을 내리자면, 고민해서 답을 고치면 맞을 확률이 더 높습니다.

그런데, 가만히 생각해 보면 이런 일이 일어나는 원인은 어쩌면 공부가 제대로 되지 않았기 때문인 것 같습니다. 수업을 열심히 듣고, 노트를 잘 정리하고, 되도록 그날 안에 복습하고, 시험 기간을 잘 활용했다면 답이 헷갈려서 고생하는 일은 별로 없을 것 같네요. 헷갈려서 우왕좌왕하다가 운 좋게 답을 골랐다 해도 같은 문제가 또 나오면 역시 맞추기는 힘들겠지요. 무엇보다 중요한 것은 답을 고르는 요령이 아니라 실수로 틀리는 것이 있을지라도 즐겁게 깊이 있는 공부를 하는 것임을 잊지 맙시다!

좋은 수면 습관 만들기

"선생님 아무리 자도 졸려요, 잠병이 걸렸나 봐요"
"공부할 때만 되면 졸려서 집중이 안 돼요"
"도대체 몇 시간을 자야 하지요?"
"나폴레옹은 하루에 네 시간만 잤다는데 성공하려면
그렇게 자야 하나요?"

우리가 가장 꾸준히 하는 활동, 수면

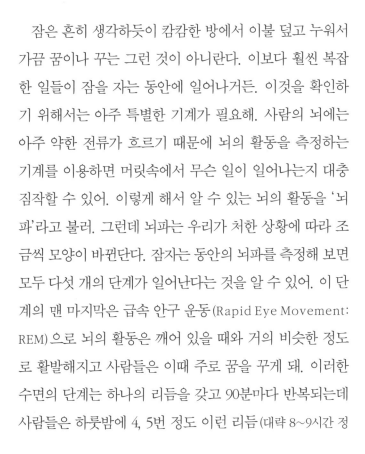

우리는 매일 잠을 잔단다. 잠자는 시간은 사람마다 조금씩 차이가 있지만, 보통 하루 평균 8시간씩 잔다고 해. 만일 우리가 60세까지 산다면 그 중의 20년은 잠으로 보내게 되는 것이지. 이렇게 많은 시간을 아무 것도 하지 않는 잠으로 보낸다니 아까운 생각도 들 수 있어. 하지만 거꾸로 생각하면 사람들이 살아가는 데 있어 잠이 그만큼 중요한 역할을 한다는 것인지도 몰라.

잠은 흔히 생각하듯이 캄캄한 방에서 이불 덮고 누워서 가끔 꿈이나 꾸는 그런 것이 아니란다. 이보다 훨씬 복잡한 일들이 잠을 자는 동안에 일어나거든. 이것을 확인하기 위해서는 아주 특별한 기계가 필요해. 사람의 뇌에는 아주 약한 전류가 흐르기 때문에 뇌의 활동을 측정하는 기계를 이용하면 머릿속에서 무슨 일이 일어나는지 대충 짐작할 수 있어. 이렇게 해서 알 수 있는 뇌의 활동을 '뇌파'라고 불러. 그런데 뇌파는 우리가 처한 상황에 따라 조금씩 모양이 바뀐단다. 잠자는 동안의 뇌파를 측정해 보면 모두 다섯 개의 단계가 일어난다는 것을 알 수 있어. 이 단계의 맨 마지막은 급속 안구 운동(Rapid Eye Movement: REM)으로 뇌의 활동은 깨어 있을 때와 거의 비슷한 정도로 활발해지고 사람들은 이때 주로 꿈을 꾸게 돼. 이러한 수면의 단계는 하나의 리듬을 갖고 90분마다 반복되는데 사람들은 하룻밤에 4, 5번 정도 이런 리듬(대략 8~9시간 정도 걸림)을 경험해야 푹 잤다는 느낌을 받을 수 있단다.

이렇게 복잡한 과정을 통해 우리에게 중요한 역할을 하는 잠이 없다면 어떻게 될까? 동물을 대상으로 한 실험에서, 작은 새들의 경우는 조명으로 낮과 밤을 반대로 하면 모두 1~2일 사이에 목숨을 잃었고, 개나 고양이 같은 동물도 잠을 못 자게 하면 점차 쇠약해져 죽어 버린다는 사실이 밝혀졌단다.

사람의 경우에도, 잠을 못 자면 여러 가지 어려움을 겪게 되지. 이상한 소리가 들리기도 하고, 누군가 자신을 해칠 것만 같은 두려움이 느껴지기도 하고, 방향감각이 없어지며 평소와 같은 판단력도 잃게 된단다. 뿐만 아니라 사소한 일에도 쉽게 짜증이 나고, 신체의 균형이 깨지기 때문에 병에 잘 걸리게 돼. '미인은 잠꾸러기'라는 말이 있듯이, 잠을 못자면 피부의 노화도 빨리 진행된다고 하네. 주로 밤에 일하는 야간 근로자는 주간 근로자보다 수명이 3, 4년 정도 짧다는 연구 결과도 있단다. 일제 강점기에 나쁜 일본 사람들이 독립운동가들을 고문할 때 잠을 못 자게 했다지. 잠을 못 자는 게 왜 고통스러운 고문이 되는지 이제 알 수 있겠구나.

벼락치기로 시험 준비를 할 때 갑자기 잠을 줄이거나 하루만 잠을 안 자면, 다음 날 몸이 너무나 피곤하게 느껴지고 공부할 마음도 없어지고 기분도 들쭉날쭉하게 된단다. 흥미로운 사실은, 잠의 부족은 우리 몸의 운동기능에는 별로 영향을 주지 않는다는 것이야. 밤을 새워도 다음 날 신나게 뛰어 놀 수 있다는 뜻이야. 하지만 잠이 모자라

면 우리의 뇌는 큰 타격을 받게 된단다.

　잠을 연구하는 학자들에 따르면, 평상시 수면 시간보다
2시간 정도만 덜 자도 집중력, 계획력, 창의성 등의 정신
기능에 문제가 일어난다고 해. 특히, 우리 친구들과 같이
공부를 해야 하는 학생들에게 잠의 부족은 집중력에 큰
문제를 일으킨단다. 집중력이 부족한 상태에서 공부를 하
면 이해력이 떨어지고, 기억도 잘 되지 않기 때문에 아무
리 책상에 앉아 있어도 공부의 효과가 나타나지 않는 것
이지.

　그럼, 청소년의 경우 어느 정도 잠을 자는 게 좋을까?
사실 얼마나 자야 하는지에 대해서는 정답이 없어. 사람
마다 타고난 특성이 다르기 때문이지. 보통 자신에게 적
당한 수면 시간을 알기 위해서는 얼마를 자든지 간에 다
음날 개운한 느낌이 들고 낮 동안에 집중이 잘 되면 그것
이 바로 자신에게 알맞은 수면 시간이라고 할 수 있단다.
미국수면학회에서 제시하고 있는 권장 수면 시간은 성
인의 경우 8시간, 청소년의 경우 대략 9시간이
야. 다시 말해 이 정도 잠을 자야 공부하는 데
아무런 지장이 없다는 것이지. 이런 사실을
알려 주면 어떤 친구들은 "에이! 그렇게 많
이 자서 어떻게 공부를 해요."라고 질문하
기도 하는데, 잠을 자는 것에 대해 오해하
고 있기 때문이야. 집에서 이불을 덮고 자
는 시간만이 수면은 아니란다. 학교나 학원
수업 시간에, 혼자 공부를 할 때 혹은 버스나 전

철 안에서 꾸벅꾸벅 조는 시간도 사실은 잠을 자고 있는 거야. 졸음이 온다는 것은 깨어 있는 동안에 모자란 잠을 보충하는 현상이란다. 마치 점심을 제대로 먹지 못하면 저녁 전까지 자꾸 간식을 먹게 되는 것과 같은 원리야.

공부와 음식 이야기

배부르게 식사하면 졸음이 쏟아지는 이유를 아세요? 산소가 많은 신선한 피가 뇌로 가지 않고 위장으로 가기 때문입니다. 그래서 배부르다는 느낌이 오기 전에 식사를 멈춰야 공부를 할 때 방해를 받지 않는답니다. 배부르게 먹기보다는 영양소를 골고루 섭취하도록 노력해야 하지요. 그리고 아침 식사는 거르지 말고 꼭 챙겨 먹는 습관을 길러야 합니다. 아침 식사는 두뇌 활동을 왕성하게 하기 때문에 집중력을 높여 주는 효과가 있거든요. 반대로 아침을 거르면 학습 능률이 떨어지고, 시험이 있는 날이라면 평소 실력도 제대로 발휘되지 않는답니다.

최근 발표된 연구에서, 8시간 정도 충분히 자고 기억 테스트를 받은 학생과 잠을 제대로 자지 않고 테스트를 받은 학생들의 성적을 비교한 결과, 잠을 충분히 잔 학생들의 성적이 잠을 못 잔 학생에 비해 평균 30% 이상 좋았다는 실험 결과가 있었어. 앞에서 이야기했듯이, 잠을 자는 동안 뇌가 그냥 쉬는 것이 아니란다. 낮 동안에 있었던 일을 꿈을 통해 다시 한 번 살펴보기도 하고, 기억되지 않은 사실은 정리하기도 하지. 그래서 역사상 위대한 발명이나 발견을 한 사람들은 잠을 자는 동안에 혹은 잠에서 깨자마자 좋은 아이디어를 얻기도 한단다. 러시아의 화학자 드미트리 멘델레예프는 원소주기율표를 꿈을 통해서 발견하게 되었다고 하고, 오늘날 우리가 예쁜 옷을 입을 수 있게 만들어 준 재봉틀은 미국의 발명가 엘리어스 하우가 잠에서 깨어난 직후 얻은 아이디어를 통해 만들어졌다고 하지. 결론적으로 머리를 많이 써야 하는 우리 친구들에게 있어 충분한 수면은 필수적인 것이란다.

잠을 잘 자려면 어떻게 해야 할까? 다음 내용은 건강
한 수면 습관에 대한 것이야. 자세히 살펴보고 오늘부
터 잠을 잘 때 꼭 사용해 보도록 하자.

- 규칙적으로 잔다(주말 포함). 잠드는 시간과 일어나는 시간을 되도록 지킨다.
- 잠자기 전에는 과식하지 않는다.
- 잠자리에 누워 TV나 비디오를 보지 않는다.
- 하루 30분 적당한 운동을 하되 잠자기 3시간 전에는 하지 않는다.
- 따뜻한 우유나 차는 체온을 올려 주기 때문에 깊은 잠에 도움이 된다.
- 낮잠은 30분 정도만 잔다.
- 20분 이상 잠이 오지 않으면 밖에 나와 책을 읽는다.
- 침실은 조용하고 어둡고 적당한 온도를 유지한다.

심리학 상식 − "꿈을 통해 미래를 볼 수 있을까?"

한 남자가 어느 날 꿈을 꾸다가 꿈 속에서 너무나 선명하게 Rhododendrom rocromulatum 이라는 글자를 보게 되었습니다. 그 전에 한 번도 들어 본 적이 없던 단어인데, 꿈 속에서 너무 나 생생하게 보였기 때문에 잠을 깨고 나서도 그 단어를 어렴풋이 기억할 수 있었습니다. 그리 고 다음 날 길을 가다가 우연히 벽에 붙어 있는 포스터 속에서 꿈에서 본 것과 같은 단어를 보고 소스라치게 놀라게 되었습니다. 포스터의 내용은 식물 박람회에 대한 것이었는데, 포스터 내 용 속에는 어느 식물의 그림과 함께 그 식물의 학명이 적혀 있었습니다. 바로 진달래의 학명 인 Rhododendrom rocromulatum이었습니다.

마치 영화 속에서나 나오는 특이한 일이기 때문에 이런 경험을 하게 되면 우리는 이 사실을 결코 잊을 수 없게 됩니다. 이렇게 어려운 단어를 꿈에서 보는 것이 아니어도, 몇 년간 연락을 하지 않던 친구의 꿈을 꿨는데 바로 그 다음 날 전화가 온다거나, 꿈속에서 봤던 시험 문제가 실제로 다음 날 시험에 나오게 되는 것과 같은 경험은 살면서 적어도 한두 번 정도는 할 수 있 습니다. 사실, 이런 이야기들은 수많은 설화나 전설 속에서도 쉽게 발견할 수 있습니다.

도저히 상식적으로 설명이 되지 않는 일이기 때문에 이런 것을 경험하거나 듣게 되면 하나 의 '신비한' 현상으로 자리매김하게 되고 꿈을 통해 미래를 볼 수 있다는 흥미로운 얘기들이 떠돌게 됩니다. 정말 이런 일들이 가능할까요?

어쩌면 과학 저 너머의 일일수도 있기 때문에 섣불리 대답하기는 어렵습니다. 하지만 몇 가지 심리학 이론을 생각해 보면 가능한 이유를 찾을 수 있습니다. 사람은 '설명할 수 없는 경 험'에 부딪히게 되면 두려움을 가지게 됩니다. 좀 엉뚱한 예가 될 수도 있지만, '이유를 알고 맞는 매'와 '이유도 없이 맞는 매'는 그 차원이 다릅니다. 이유를 알면 다음에 피할 수 있지 만, 이유가 없어서 그런 것이면 그 일이 일어나지 않게 통제하는 것이 불가능하기 때문에 우 리는 심한 불안을 느끼게 됩니다.

그래서 사람은 이유를 설명할 수 없게 되면 '미신'을 동원해서라도 그럴듯한 이유를 만들어 냅니다. 먼 옛날 사람들은 오랫동안 비가 오지 않으면 '신이 노했다.'고 생각을 해서 신을 달 래기 위해 단을 쌓고 '기우제'를 지냈습니다. 오늘 같은 최첨단의 시대에는 위성을 통해 구름의 이동이나 기후의 변화를 예측할 수 있기 때문에 비가 오지 않는 명확한 이유를 알 수 없지만, 옛날 사람들에게 이것을 설명하는 것은 불가능한 일이었습니다. 그래도 무언가 이유를 찾아야 했기 때문에 '알 수 없는 힘', 즉 '신'의 뜻으로 생각해야 했습니다.

꿈을 통한 예지력도 마찬가지입니다. 도무지 자신의 이성으로는 설명할 수 없는 경험이기 때문에 초자연적인 힘, 즉 '예지력'으로 생각하게 되는 것입니다. 하지만 실제로 꿈을 꾸기 전에 다음과 같은 일들이 일어날 수 있습니다. 자신이 자주 다니던 길에 이미 오래전부터 식물 박람회에 대한 포스터가 붙어 있었습니다. 길을 가다가 스쳐 가듯 보았던 포스터의 식물이름이 우리의 잠재의식에 기억되게 되었고, 어느 날 꿈을 통해 보게 된 것입니다. 다시 말해 꿈을 통해 처음 본 것이 아니라 이미 알고 있었던 것입니다. 오래 전 친구가 어느 날 문득 떠올라서 '언제 한 번 연락해야지.'라고 생각한 날 그 친구의 꿈을 꾸게 되었고 마침 '우연히도' 연락을 받게 된 것입니다. 이 경우에는 '우연'이 포함되기는 하지만, 적어도 친했다면 오랜 시간이 지나면 서로 그리워지고 연락을 하고 싶게 마련이기 때문에 그 확률은 결코 적다고 말할 수 없습니다. 그리고 시험 공부를 열심히 하다가 잠이 들게 되면 우리의 뇌는 깨어 있는 동안 들어온 정보를 처리하는 경향이 있기 때문에 그것이 시험 문제와 같은 모양으로 꿈에서 나올 가능성은 충분히 있었던 것입니다.

살면서 재미있고 신기한 일도 있는 것이 좋습니다. 너무 과학적으로 설명하려고 하는 것은 좀 재미없게 느껴질 수 있지요? 하지만 원하는 방향으로 자신의 삶을 이끌어 가기 위해서는 진짜 원인을 이해하고 그것을 제대로 통제하기 위해 노력해야 할 필요가 있습니다. 엉뚱한 것을 원인으로 오해하면 거기에 대한 행동은 우리 삶에 별다른 변화를 가져다주지 못합니다. 살면서 경험하는 것들을 '모두' 설명할 수는 없지만, 조금만 더 생각하고 노력하면 '더 많은' 것을 제대로 이해하고 알 수 있답니다. 이것이 바로 건강한 삶의 초석이 아닐까요?

11 스트레스를 잘 이겨 내는 방법

우리 친구들, 스트레스라는 말에 대해 들어 본 적이 있을 거야. 어쩌면 오늘 하루를 지내면서도 "에이, 스트레스 받아!"라는 말을 했을지도 몰라. 공부가 힘들거나 성적이 나빠서 스트레스를 받기도 하고, 때로는 다른 일로 스트레스를 받아서 공부가 안 되는 경우도 있지? 스트레스는 살아가면서 누구나 겪게 되는 것이지만, 정작 이것이 무엇인지 정확히 아는 친구들은 얼마 되지 않는 것 같아. 이번 시간에는 스트레스에 대해 생각해 보고 어떻게 해야 이것을 잘 이겨 낼 수 있는지 알아보도록 하자.

모든 상황이 바로 스트레스의 원인

스트레스는 여러 가지 일에 의해 일어날 수 있단다. 대표적인 것이 자신이 할 수 있는 것보다 훨씬 많은 일을 해야 하는 상황이야. 이를테면, 시험 때 벼락치기를 하게 되면 시간에 비해 공부해야 할 내용이 너무 많기 때문에 공부에 대한 부담이 커지게 되고 이때 경험하는 힘겨운 느낌이 스트레스란다.

그리고 원하는 것을 혹은 목표를 얻지 못해도 사람들은 스트레스를 받게 되어 있어. 갖고 싶은 장난감을 부모님이 사 주지 않을 때 바닥을 데굴데굴 구르며 울고 떼쓰는 어린 친구들이 있는데 이것도 스트레스를 받아서 그런 것이란다. 하지만 원하는 것이나 목표는 커 가면서 달라지고, 또 사람마다 그러한 것이 다르게 마련이지. 하지만 인생은 우리가 원하는 모든 것을 줄 수 없기 때문에 좌절감을 맛볼 수 있단다. 특히 이 책의 주제를 생각해 본다면 원하는 성적을 받고 싶은데 그것이 마음대로 되지 않는 것도 큰 스트레스라 할 수 있지.

또 다른 사람과 갈등을 겪게 되는 것도 큰 스트레스가 될 수 있단다. 내가 원하는 것과 상대방이 원하는 것이 서로 다른데 둘 다 충족시킬 수 없게 되면 이때 갈등이 일어나고 우리는 스트레스를 경험하게 된단다. 예를 들어, 나는 지금 게임을 하고 놀고 싶은데 엄마는 더 공부하기를 원하는 경우가 해당될 수 있어.

마지막으로, 대표적인 스트레스의 원인을 생각해 보자면 갑작스러운 생활의 변화도 있단다. 학년이 바뀌거나 중학교, 고등학교에 진학하게 될 때 너무나 많은 변화가 일어나지? 공부해야 하는 내용은 물론이고 공부 환경, 친구들도 모두 달라지기 위해 여기에 적응하기 위한 시간이 필요하단다. 때로 변화는 짜릿하고 재미있는 일이기도 하지만 변화는 항상 적응이 필요하기 때문에 그 과정에서 우리는 스트레스를 받게 되는 것이지.

　　찾아보자면 더 많은 종류의 스트레스가 있을 수 있는데, 이런 많은 일들의 공통점은 '내 마음대로 되지 않는 상황이나 일'이란다.

　　이제까지 설명한 스트레스는 힘들고 고통스러운 일들에 대한 것이지만, 반대로 스트레스가 없는 삶은 더 끔찍할 수 있단다. 예를 들어, 아무런 할 일이 없어 빈둥거리게 되는 경우가 있지. 처음에는 그냥 편하게 놀고 쉬니까 좋은 것 같지만, 그런 시간이 길어지면 오히려 고통스럽게 된단다. 그래서 오래전부터 죄수들에게 벌을 주는 방법 중의 하나로 독방에서 혼자 지내게 하는 것이 있었어. 혼자 조용히 있으면 휴식이 될 것 같지만, 실제로 아무런 할 일도 없고 자극도 없으면 그것은 이루 말할 수 없는 고통을 준단다.

스트레스는 이렇게 종류가 많은데, 그렇다면 스트레스를 받게 되면 우리에게는 어떤 일이 일어날까? 심한 스트레스를 받으면 먼저 우리 몸에 어떤 변화가 일어난단다. 스트레스는 우리를 위협하는 일이기 때문에 그것을 이겨 내기 위한 자연스러운 변화가 몸에서 시작되는 것이지. 이런 기능은 아주 오래전 조상부터 이어져 온 것이고, 인간 외의 많은 동물들도 가지고 있단다. 이것이 가능하게 만드는 일종의 '장치'가 우리 몸속에 만들어져 있는데, 이것을 생물 시간에 '교감신경계'라고 배운단다. 스트레스를 받으면 긴장되고 가슴이 뛰게 되는데 이런 일들은 모두 이 신경계의 활동 때문이지.

이런 일들이 일어나는 것은 스트레스를 통해 일어나는 어려운 일들을 이겨 내기 위한 아주 정상적인 과정이지만, 이런 일들이 너무 오랫동안 일어나거나 자주 일어나면 우리는 문제를 겪게 된단다. 그래서 때로는 마음에서 시작된 스트레스가 몸으로 나타나서 병원에서 별 증상이 없다고 해도 자주 아픈 것 같은 일들이 생길 수 있어. 흔히 '스트레스성 질환'이라고 부르는 것들이 여기에 해당된단다.

"
스트레스를 잘 다루는 방법을 터득하는 것은 건강한 삶은 물론 공부를 하는 데 있어서도 매우 중요한 것이란다.
"

또한, 스트레스는 공부에 많은 방해가 된단다. 스트레스를 받으면 우리는 자동적으로 걱정하거나 두려워하는 일들에 더 많은 신경을 쓰게 되기 때문에 정작 내가 집중해야 하는 공부에 쏟을 에너지를 빼앗기게 되거든. 이제까지 설명한 여러 가지 이유로 인해 스트레스를 잘 다루는 방법을 터득하는 것은 건강한 삶은 물론 공부를 하는 데 있어서도 매우 중요한 것이란다. 스트레스를 잘 이겨내는 방법은 우리 친구들이 나이를 먹고 성장하면서 자연스럽게 터득하는 것이지만, 어떤 것이 더 좋은 방법인지 미리 알아 두면 더 큰 도움이 되겠지?

같은 일을 당해도 사람마다 거기에 대해 느끼는 생각이나 감정이 다르듯이 스트레스도 마찬가지란다. 똑같아 보이는 스트레스도 어떤 사람에게는 별일이 아닐 수 있고, 다른 사람에게는 아주 큰 일이 될 수 있어. 그 차이는 어디에서 일어나는 것일까?

사람에 따라 달라질 수 있다

첫째는 그 일에 대해 생각하는 관점에 달려 있단다. 예를 들어, 누구에게나 시험이 부담스러운 것은 사실이지만 그것을 내 실력을 가늠해 볼 수 있는 도전의 기회로 생각하는 사람에게는 그렇게 괴롭기만 한 일은 아니고, 도전에 성공하기 위해 노력하게 만드는 좋은 자극이 될 수 있단다. 하지만 성적에 대한 부모님의 기대가 높고 그것에 대해 불안해하거나 스스로 시험을 잘 치러야 한다는 압박감이 너무 높은 사람은 같은 시험이라도 남들보다 훨씬 더 높은 시험 스트레스를 경험한단다. 이런 경우에서의 스트레스는 시험 자체의 문제라기보다는 시험에 대한 자신의 생각이나 태도에 의해 일어난 것이라고 볼 수 있단다.

둘째는 경험의 차이에 있단다. 매번 어려운 일이 있을 때마다 스스로의 노력보다 부모님이나 다른 사람의 도움에만 의존했던 사람은 자신 스스로 해결해야 하는 상황에 부딪히게 되면 더 큰 스트레스를 느끼게 마련이야. 그래서 비록 좀 어렵게 보이고 처음 해 보는 일일지라도 내가 할 수 있는 일이 있다면 처음부터 잘하지 못해도 용감하게 도전해서 자신의 경험으로 만들어 갈 필요가 있는 것이란다.

셋째는 스트레스를 다루는 요령의 차이에 있단다. 이것을 스트레스 대처 전략이라고 불러. 마치 컴퓨터 게임에

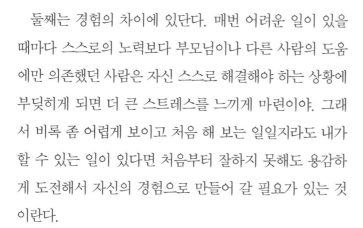

서 적을 물리칠 때 요령이 있는 것처럼 스트레스도 잘 이겨 낼 수 있는 좋은 방법이 있고, 오히려 스트레스를 더 커지게 만들어 버리는 잘못된 방법도 있단다.

  먼저, 스트레스를 잘못 다루는 것의 예를 찾아볼게. 우리 친구들, 시험이 발표되거나 숙제가 많아서 부담을 느끼게 되는 경우가 있지? '휴~ 이걸 언제 다하지?'라는 생각에 때로는 그 일을 포기하다시피 하고 TV를 보거나 게임을 하면서 그냥 넘어가려고 할 때가 있을 거야. 이런 경우는 '힘들고 어렵게 느껴진다.'는 자신의 감정대로 행동하기 때문에 '감정 중심의 대처'라고 부르고, 이렇게 하면 결과는 점점 더 힘들게 된단다. 게임을 할 때는 해야 할 일에 대한 것을 잠시 잊을 수 있지만, 그 와중에 그 일을 해야 하는 시간을 허비해 버리기 때문에 결국은 더 큰 스트레스로 돌아오게 되는 것이지. 반면, '시험'이라는 문제 자체를 해결하기 위한 적극적인 노력을 기울이는 방법도 있어. 이를테면, 시험 범위를 정리하고 자신있는 과목과 그렇지 않은 과목을 나누어 일단 계획을 세우거나, 혼자 하기 힘든 경우에는 부모님이나 선생님 혹은 형, 누나 등에게 도움을 구하는 것이지. 이렇게 스트레스의 진짜 원인을 이겨 내기 위해 적극적으로 노력하는 것을 '문제 중심의 대처'라고 한단다.

마지막으로, 평소에 스트레스가 높아지지 않도록 미리미리 관리하는 것이야. 우리 친구들이 스트레스를 풀 수 있는 가장 원하는 방법은 실컷 노는 것이지? 하지만 무작정 놀기만 하면 결국에는 공부를 몰아서 해야 하는 상황이 일어나기 때문에 노는 것도 요령껏 해야 한단다. 그러기 위해서는 공부하는 시간과 노는 시간을 미리 정해 놓는 것이 좋아. 그래야 공부할 때는 집중을 할 수 있고, 노는 시간에는 부모님 간섭도 받지 않고 마음 편하게 신나게 스트레스를 풀 수 있단다. 그리고 컴퓨터 게임, TV나 영화 보기, 음악 감상, 만화책이나 소설책 읽기, 친구들과 어울려 놀기 등 자신이 좋아하는 일들을 미리 정해 놓았다가 하면 막상 시간이 남았을 때 무엇을 할지 몰라 그냥 빈둥거리는 일도 막을 수 있고, 여러 가지 활동을 하면서 더 재미있게 시간을 보낼 수 있는거야. 이런 일이 제대로 이루어지려면 역시 '시간 관리'를 잘하는 것이 중요하겠구나.

긴장과 이완

호흡 조절(숨고르기) 말고도 경직된 몸과 마음을 이완시키고 안정을 되찾는 좋은 방법이 하나 더 있습니다. 바로 단순한 단어나 어구를 반복하는 것인데, 부정적이고 쓸모없는 잡생각을 떨쳐내 주지요. 예를 들면, 숨을 들이마시면서 속으로 '나는', 내쉬면서 '할 수 있다'라고 긍정적인 어구를 반복하여 되뇌는 것입니다. 종교를 가진 사람은 종교에 관련된 말을 반복해도 긴장을 푸는 데 도움이 될 거예요.

"행복은 성적순이 아니다."는 말이 있어. 공부를 잘하는 것도 중요하지만, 우리가 행복하고 건강하게 살기 위해서는 살면서 겪게 되는 어려운 일들을 잘 이겨 내는 힘도 함께 갖추어야 한다는 의미란다. 스트레스가 무엇인지, 그리고 그것을 잘 이겨 내는 방법이 무엇인지 배웠다면 이제부터 우리 친구들은 공부도 생활도 모두 즐겁고 신나게 할 수 있는 멋진 사람들로 성장해 갈 수 있을 거라 생각해. 그럼, 멋진 미래를 위해 우리 친구들 모두 화이팅!

심리학 상식 – "엉뚱한 실수를 하게 되는 이유"

살다 보면, 너무나도 엉뚱하고 기막힌 실수를 할 때가 있습니다. 예를 들어서 다음과 같은 일들입니다.

"냉장고를 여는 순간 갑자기 내가 왜 냉장고를 열었는지
생각이 나지 않는다."

"외출하고 돌아와 세탁기 통에 빨래를 집어 넣으려고 했는데,
나도 모르게 변기에다 옷을 던져 넣어 버렸다."

"안경을 열심히 찾았는데, 이미 쓰고 있었다." -

"쌀쌀해서 창문을 닫으려고 일어났는데,
창문 대신 찬장문을 닫았다."

"과자 봉지를 버리기 위해 쓰레기통에 다가가서는 자기도 모르게
과자를 버리고 봉지만 그대로 손에 들고 있었다."

여러분은 그런 적이 없었나요? 만일 아직까지 이런 실수를 한 적이 없다면 이런 일은 언젠 가는 할 수도 있는, 생각보다 흔한 일이란걸 먼저 말해 두겠습니다.

무성영화가 한참 유행하던 시기에 찰리 채플린이라는 아주 유명한 배우 겸 감독이 있었습 니다. 그의 작품 중에 <모던 타임즈>라는 영화를 보면 다음과 같은 장면이 나옵니다. 주인공은 작업대에서 계속 쏟아져 나오는 쇠판에 나사를 조이는 일만 하는데, 어떤 사건이 터져서 좀 혼란스러운 상태가 되자 원형의 물건만 보면, 그것이 사람의 귀이든, 단추이든 가리지 않고

달려들어 조이기 시작한 것입니다.

여기에서도 어떤 엉뚱한 실수와 행동이 있다는 것을 알 수 있습니다. 리즌이라는 심리학자는 사람들에게 일주일 동안 자신이 저지른 실수에 대해 적도록 만들었습니다. 그리고 사람들이 실수를 저지르게 된 원인에 대해 알아보았습니다. 그 결과, 사람들이 저지르는 실수는 크게 두 가지 유형으로 나눌 수 있었습니다.

한 가지는 무슨 말을 하려고 했었는지 떠올리지 못하는 것과 같은 '기억의 실패'였고, 다른 한 가지는 은박지로 싼 사탕을 입에 넣으려 할 때 포장지를 입에 넣고 사탕을 쓰레기통에 버리는 것과 같은 '부주의한 실수'였습니다.

재미있는 것은 '부주의한 실수', 즉 주의를 기울이지 않아서 자기도 모르게 저지르는 실수는 너무나도 익숙한 행동과 관련이 되어 있다는 것입니다. 굉장히 오랫동안 반복해서 너무나도 익숙해진 행동은 우리가 특별히 주의를 기울이지 않아도 마치 자동화된 기계처럼 자연스럽게 일어나게 됩니다. 예를 들면, 버스를 타면서 요금통에 동전을 집어 넣는것과 같은 것입니다. 매일 버스를 이용해서 학교를 오갔다면 그러한 행동은 자연스럽게 수십 번, 수백 번을 반복하게 됩니다. 너무 익숙해져 있기 때문에 버스를 타는 순간에 다른 생각에 빠져도 그런 행동이 튀어나오게 됩니다. 가끔 사람들이 동전이 아닌 다른 물건을 요금통에 집어 넣게 되는 것은 그런 이유입니다.

'돌다리도 두드려 보고 건넌다.'는 옛 속담은 이러한 현상을 생각해 보면 매우 지혜로운 말인 것 같습니다. 너무 익숙해져 있다고 주의를 제대로 기울이지 않을 때, 우리는 예상치 못하는 실수를 할 수 있다는 것이니까요. 작은 실수라면 상관이 없겠지만, 중요한 일에서 그런 실수가 일어나면 곤란하겠지요? 어떤 일을 할 때 집중하고 주의를 기울이는 것은 공부에만 해당 되는 일은 아닌 것 같습니다.

집중

12

좋은 공부 환경 만들기

내가 집중할 수 있도록 돕자

아무리 집중력이 좋은 사람이라도 시끄러운 콘서트장이나 게임방에서 공부를 하는 것은 불가능할 거야. 우리가 그런 곳에서 공부할 가능성은 거의 없지만, 내가 주로 공부하는 장소에 집중을 방해할 만한 것들이 많다면 아무래도 내 능력을 발휘하기는 힘들겠지? 그래서 집중력을 높일 수 있는 방법 중 한 가지가 집중에 도움이 될 수 있게 미리 공부 환경을 정리하는 것이란다.

공부 환경에서 '환경'이란 단어는 우리를 둘러싸고 있는 수많은 자극들의 집합을 말하는 거야. 여기에는 눈에 보이는 시각적인 자극들(예: TV, 만화책 등)도 있고, 귀에 들리는 청각적 자극들(예: 음악 소리, TV 소리 등)도 있으며, 몸으로 느껴지는 체감각적 자극들(예: 온도, 습도 등)이 포함되지. 이러한 자극들은 우리가 어떤 행동을 하도록 만드는 데 결정적인 역할을 한단다. 예를 들어, 맛있는 음식의 냄새(후각적 자극)는 우리가 무언가를 먹도록 만들 수 있으며, TV 소리(청각적 자극)는 TV를 보게 만드는 행동이 일어나게 만들기 쉬워. 또한, 켜져 있는 상태의 컴퓨터 모니터(시각적 자극)는 자신이 좋아하는 게임을 하고 싶은 충동을 일으키기도 하지.

공부를 하는 동안에는 이런 자극들로부터 자유로울 수 있어야 집중력을 오랫동안 유지할 수 있어. 그래서 좋은 공부 환경을 가지고 있는 것은 집중을 잘할 수 있는 하나의 전제 조건이라고 볼 수 있지. 그럼 우리 친구들이 얼마나 좋은 공부 환경에서 공부하고 있는지 한번 살펴보도록 하자.

먼저 친구들이 공부할 때 가장 자주 이용하는 장소 3곳을 적은 후, 각각의 질문에 해당하는 장소에 V를 해 보자.

문항	문항 내용	공부장소		
		1	2	3
1	전화기나 컴퓨터, TV와 같이 공부를 방해하는 물건들이 거의 없다.			
2	내가 공부를 할 때 다른 사람들이 방해하는 일은 거의 없다.			
3	매우 조용하며 전화소리, 음악소리, 말소리가 거의 들리지 않는다.			
4	쉴 때와 공부할 때를 마음대로 정할 수 있다.			
5	이번 주에도 이곳에서 규칙적으로 공부했다.			
6	여기서 공부할 때, 잠깐만 쉬고 공부를 계속한다.			
7	여기서 공부할 때, 다른 사람들과 거의 이야기하지 않는다.			
8	여기서 공부를 하는 동안 온도는 매우 적절하다.			
9	이곳에 있는 의자는 공부하는 데 아주 편안하다.			
10	이곳에 있는 책상은 공부하는 데 아주 편안하다.			
11	이곳의 조명은 공부하는 데 아주 적당하다.			
12	이곳에는 공부나 학교 숙제와 관련 없는 물건들이 거의 없다.			
	합 계			

보이면 이길 수 없다

가장 높은 점수가 나온 것은 어디일까? 찾았다면 그곳이 우리 친구들이 공부하는 데 가장 좋은 장소이며, 집중력을 유지하는 데 좋은 곳이라고 볼 수 있어. 이미 그런 좋은 장소가 있다면 아무 문제없지만, 자신이 생각하기에 공부 환경이 별로 좋지 못하다면 과감하게 자신의 공부에 도움이 되는 곳으로 바꾸어 볼 필요가 있겠지. 그렇다면 무엇이 문제이고, 무엇을 어떻게 바꾸는 것이 좋은지 지금부터 찾아보도록 할게.

공부 환경 속에서 집중을 방해하는 요소 중 가장 흔한 것은 눈에 보이는 것들이야. 마치 쇠붙이가 자성이 있는 물체에 이끌리듯이 우리의 주의력은 더 흥미롭고 재미있는 것들로 이끌리게 마련이란다. 특히, 공부를 시작하고 30분 정도가 지나서 집중력이 감소하기 시작할 때나, 지루하고 어려운 내용을 공부하고 있는 동안에는 주변의 눈에 보이는 재미있는 자극이 있으면 쉽게 마음을 빼앗길 수 있단다.

컴퓨터를 하거나 연예인 사진을 보는 것이 지루한 교과서보다 훨씬 더 재미있다는 것은 누구나 알고 있는 것이지. 따라서 공부 환경에 이러한 것들이 있다면, 공부하는 도중에 눈길이 가는 것은 너무도 당연한 일이야. 내 공부 환경에 이런 유혹하는 물건들이 여기저기 있는데, 집중해서 공부하겠다는 것은 '절대 이길 수 없는 싸움'을 하는 것과 같을지 몰라. '난 왜 이렇게 의지력이 약하지?'라고 자신을 탓하기 전에 과감하게 이러한 물건들을 공부환경 밖으로 치우는 것이 최선의 방법이 될 수 있어.

그럼 자신의 공부방에서 공부와는 관련성이 없는 물건이나, 집중에 방해가 되는 것들을 찾아 적어 보자.

여러 친구들의 의견을 들어 보니까, 집중에 방해되는 물건은 컴퓨터, 게임기, MP3, 만화책, 잡지, 사진, 거울, 소설 등 여러 가지가 있었어. 이러한 물건들은 집중에 방해되지 않도록 미리 정리를 해야 하는데, '정리'한다는 것이 그 물건들을 멀리 내다 버리라는 뜻은 아니야. 공부에 꼭 필요하고 집중을 유지하는 데 도움이 되는 물건은 '눈에 잘 보이고, 손이 닿는 곳에' 정리하고, 공부에 필요 없고 집중을 방해하는 물건들은 '눈에 보이지 않고 손에 닿지 않는 곳'으로 모아서 정리하면 된단다.

공부에 방해되는 자극은 보이는 것만 있는 것이 아니야. 여러 가지 소음도 우리를 방해할 수 있어. 예를 들어, 거실에서 식구들이 TV를 보는 소리라든가, 전화벨 소리 등이 주변에서 쉽게 접할 수 있는 소음이라고 할 수 있어. 공부에 깊이 집중하는 경우라면 그 정도 소음은 별 문제가 되지 않겠지만, 언제나 공부에 몰입이 되는 것은 아니므로 집중에 방해가 되지 않도록 미리 조치를 취할 필요가 있는 것이지.

주변에서 집중을 방해할 수 있는 소리에는 어떤 것들이 있는지 찾아서 적어 보자.

한 가지 명심해야 할 것은 모든 소음을 다 없앨 수는 없을 뿐더러, 자신이 공부할 때마다 식구들이 쥐 죽은 듯이 조용히 있을 수는 없다는 것이야. 특별히 방해가 된다고 느끼거나 자신의 힘으로 충분히 막을 수 있는 것이라면 지혜롭게 대처할 필요가 있다는 점을 강조하고 싶구나. 실제로 많은 친구들이 도움을 받은 방법에는 다음과 같은 것들이 있었어.

- 소음이 없는 장소로 이동한다. 예) 도서관, 독서실 등의 다른 장소
- 귀마개를 착용한다.
- 방문 앞에 '지금은 공부 중'이라는 팻말을 붙이고 가족들의 양해를 구한다.
- 소음이 비교적 적은 시간대를 활용해서 공부한다.
- 소음이 있는 동안에는 영어 듣기와 같은 듣기 공부를 한다.

참고로, 음악을 들으면서 공부하는 것은 오히려 집중에 큰 방해가 된단다. 사람이 어떤 일에 주의를 기울일 수 있는 힘에는 분명한 한계가 있어. 예를 들어, 우리 친구들이 좋아하는 가수의 노래처럼 가사가 있는 음악을 들으면서 공부하는 것은 '가사의 뜻'과 '공부하는 내용의 의미'가 서로 충돌하기 때문에 둘 중의 하나는 제대로 이해할 수 없단다. 안타깝지만 대개 그것은 공부의 내용인 경우가 많아. 따라서 공부하는 동안에는 음악을 듣지 않는 것이 좋은 습관인 것이지. 다만, 유난히 집중이 안 되거나 잡생각이 많이 떠오르는 때에는 가사가 없는 음악(예: 클래식)이 도움이 되기도 한단다.

> 좋아하는 가수의 노래를 들으면서 공부하면 '가사의 뜻'과 '공부하는 내용의 의미'가 서로 충돌하기 때문에 둘 중 하나는 제대로 이해할 수 없어요. 안타깝지만 대개 공부를 이해하지 못하는 경우가 많지요. 다만, 유난히 집중이 안 되거나 잡생각이 많이 떠오를 때에는 가사가 없는 음악(클래식이나 경음악)이 도움이 되기도 한답니다.

심리학 상식 – "집에만 가면 공부가 안 되는 이유?"

집에서는 도저히 공부가 되지 않는다는 학생들이 있습니다. 주로 집 밖의 다른 장소(도서관이나 독서실)에서 공부하지만, 숙제를 다 마치지 못했거나 할 일이 많을 때에는 집에서 해야 하는 경우가 생기게 되는데 도서관에서 할 때와는 너무나 다른 느낌을 받게 된다고 합니다. 아예 공부할 생각이 나지도 않을 수 있고, 나도 모르게 침대나 TV 앞으로 가게 되는 것이지요. 그런 경우 결국 해야 할 일을 끝내지 못하게 됩니다.

러시아의 유명한 생리학자 파블로프는 개를 대상으로 다음과 같은 실험을 했습니다. 배고픈 상태에서 먹이를 주면 개는 침을 흘리게 됩니다. 사람도 음식을 앞에 두면 우리 신체가 소화과정을 준비하기 위해 약간의 침이 분비되게 됩니다. 이런 현상은 동물이나 사람이나 자연스러운 일입니다. 하지만 파블로프는 어떤 절차를 이용해서 음식이 아닌 종소리로 개가 침을 흘릴 수 있게 만들었습니다. 그 과정은 의외로 간단했습니다. 음식을 주기 직전에 종소리를 들려주는 것을 반복했던 것입니다. 개의 입장에서는 항상 음식이 나오기 직전에 '땡' 하는 종소리를 들은 것입니다. 이런 일이 반복되자 나중에는 음식을 주지 않은 상태에서 종소리만으로도 개가 침을 흘리게 되었습니다. 종소리를 듣고 침을 흘리는 것은 자연 상태에서는 절대로 일어날 수 없는 일입니다. 이것은 어떤 '특별한' 경험에 의해 만들어진 현상으로 심리학 용어로는 '연합학습'이라고 부릅니다.

사람이라면 어떨까요? 혹시 여러분도 점심시간을 알리는 종리를 들으면 더 배가고파지거나 입에 침이 고이는 것을 느끼나요? 개하고 비교해서 기분이 나쁠 수 있겠지만 우리도 충분히 그럴 수 있습니다. 처음에는 우리와 아무 관련성 없던 자극도 우리의 행동과 자꾸만 짝지어지면 그 자극만으로 어떤 행동이나 반응이 나타날 수 있습니다. 떡볶이를 한 번도 먹어 보지 못한 사람은 그 맛을 모르기 때문에 떡볶이를 봐도 별다른 것을 느끼지 못합니다. 하지만 그것을 맛있게 먹고 나면 떡볶이만 봐도(물론 배가 고플 때만 해당됩니다) 침이 고입니다. 나중에는 떡볶이뿐만 아니라 포장마차만 봐도 먹고 싶은 욕구가 생기게 됩니다. 이런 것도 앞에서 설명한 '연합학습'의 예가 될 수 있습니다.

자, 설명이 길었는데요. 처음에는 집에서 공부가 안 될 이유가 없었을 것입니다. 하지만 언제부터인가 집에만 가면 TV를 보고 컴퓨터 하는 것에만 매달렸다면 나중에는 집이라는 '자극' 자체가 공부와는 아무런 관련성을 가지지 못하게 됩니다. 만일 그런 일이 책상에서 일어나게 되면 문제는 더 심각해 집니다. 책상에 앉을 때마다 만화책을 보거나 게임을 하거나 자꾸 딴생각을 하게 되면, 나중에는 '책상'이라는 자극 자체가 공부와 관련 없는 내가 재미있어 하는 행동과 '연합'이 되어 버립니다. 그래서 집에만 가면 할 일이 있음에도 나도 모르게 딴 짓을 하며 시간을 다 허비하고 숙제를 못해서 선생님에게 야단을 맞는 일이 일어날 수 있는 것입니다. 아무리 싫어도 하루 30분 정도는 집안의 정해진 장소(특히 공부방 책상)에서 공부를 하는 것이 좋습니다. 특히, 책상은 오직 공부의 용도로만 사용해야 합니다. 공부가 하기 싫을 때는 차라리 다른 장소에서 놀거나 휴식을 취하는 것이 좋습니다.

환경의 힘은 정말 대단하지요? 하지만 그 힘의 과정을 이해하고 나면 그것을 조절하는 것은 우리의 의지에 달려 있는 것입니다. 여러분은 환경의 주인이랍니다.

13

집중력을 높일 수 있는 방법

"책상에 오랫동안 앉아 있기는 하지만 제대로 집중해서 공부한 시간은 얼마 안 되는 것 같아요."

"작은 소리나 자극에도 금방 집중이 흐트러져요."

"잡념이 많아서 공부를 하는 것이 힘들게 느껴집니다."

"스스로 생각하기에 집중력이 너무 약한 것 같아요."

키 크기보다 더 어려운 집중력 높이기

"공부할 때 가장 힘들고 어려운 점이 무엇인가요?"라고 우리 친구들에게 설문 조사를 해 보았더니 가장 많이 나온 답변이 앞에서 얘기한 집중에 대한 어려움이었어. 이 글을 읽는 동안에도 주변의 소음이나 다른 생각에 마음을 빼앗기고 있다면 집중이 잘 안 되는 것이겠지? 집중만 잘되면 짧은 시간에 공부를 끝내고 정말 좋을 텐데, 왜 이렇게 집중하기기 힘든 것일까? 그럼, 먼저 집중이 무엇인지 한 번 생각해 보자.

혹시 돋보기로 종이 태우기 놀이를 해 본 적 있니? 신문지에서 검게 인쇄된 부분에 돋보기로 햇빛을 한곳에 모으면 잠시 후 서서히 연기가 피어나면서 종이가 타 들어 가지. 햇볕이 충분히 비치는 양지 바른 곳에서 신중하게, 좀 더 초점을 작게 만들면 종이는 더 빠르고 신나게 타 들어간단다. 그래서 누가 먼저 신문지를 빨리 태울 수 있는지 시합을 하면 초점을 더 작게 더 오랫동안 유지할 수 있는 사람이 이기게 마련이지.

> 우리의 정신과 마음을 최대한 모아서 공부해야 좋은 결과를 얻을 수 있단다.

돋보기를 통해 한곳으로 모으기 전까지의 햇볕은 그저 따뜻하고 기분 좋은 정도의 것이지만 일단 한곳으로 모여 초점을 이루게 되면 종이나 다른 물건을 태울 수 있을 만큼 강한 힘을 발휘하게 된단다. 집중이란 이렇게 여기저기 흩어져 있는 것을 한 점으로 끌어 모은다는 뜻을 가지고 있고, 공부에서의 집중도 마찬가지 의미를 가지는 거야. 즉, 우리의 정신과 마음을 공부해야 할 대상인 책이나 선생님의 말씀으로 최대한 모으고 유지하는 것이지. 이렇게 공부하는 동안 정신과 마음을 '한곳으로' 모으게 되면 다음과 같은 변화가 생기게 된단다.

"공부나 일을 빨리 끝낼 수 있다."

"그만큼 자유시간이 늘어난다."

"이해가 잘 된다."

"기억이 잘 난다."

"더 큰 성취감과 만족감을 느낄 수 있다."

언제나 집중이 잘 된다면 공부가 너무나 재미있고 신나겠지? 그렇지만 공부할 때의 집중은 우리 마음대로 되는 것은 아니야. 하지만 공부와 달리 우리가 '무서운' 집중력을 발휘하는 순간이 있어. 언제일까? 그래, 바로 게임을 하거나 만화책, TV를 볼 때란다. 이때만큼은 집중이 무엇인지 온몸으로 보여 줄 수 있어. 언제 시간이 이렇게 흘렀는지 모르겠고, 그걸 하는 동안은 다른 일은 하나도 생각이 안 나며, 주변에서 다른 소리가 들려도 '거의' 신경 쓰이지 않게 되지. 이렇게 집중을 하니 당연히 게임이나 만화책의 내용은 달달 외우는 수준이 되는데, 공부도 이렇게 집중이 잘 되면 얼마나 좋을까? 교과서나 참고서는 재미와 즐거움만을 목적으로 만들어진 게임이나 만화책과는 여러 가지 면에서 다르단다. 그렇기 때문에 공부에서의 집중을 높이려면 공부를 시작하기 전에 몇 가지 미리 준비할 것들이 있어.

공부환경

앞에서 살펴보았듯이, 산만한 환경에서 공부를 하는 것은 육상 선수가 진흙탕 위에서 경기를 하는 것과 같아. 이미 좋은 결과를 기대할 수 없는 조건에서 시작하는 것이란다. 공부 환경은 우리가 아주 많은 시간을 보내는 곳이기 때문에 이미 너무나 친숙하고 익숙해져 있어서 문제점이 있어도 알아차리기가 힘들 수 있어. 지금이라도 있어야 할 것(집중에 도움이 되는, 공부에 꼭 필요한 물건들)과 없어야 할 것(집중에 방해가 되는, 공부와는 상관이 없는 물건들)을 구분해서 정리해 보자. 집중의 방해물로부터 자유로워지는 것이 집중력을 키우는 출발점이야.

골든타임

　'시간 관리'에 대한 내용에서 '파레토의 법칙'이라는 것을 배운 적이 있는데 기억하고 있니? 80:20의 법칙이라고도 하는데, 하루 중 사람들이 자신에게 정말로 중요한 일을 하는 시간은 20%에 지나지 않는다는 것이었지. 이 말을 다르게 생각하면 하루 24시간이 모두 똑같은 중요성이나 가치를 가지지는 않는다는 것이야. 집중력도 마찬가지인데 하루 중 아무 때나 집중이 잘 되는 것이 아니란다. 특별히 집중이 잘되는 시간은 따로 있다는 거야. 그러한 시간은 여러분에게 황금과 같은 소중한 가치를 가지기 때문에 그러한 시간을 중점적으로 공부에 활용해야 한단다. 대체로 다음과 같은 조건이 충족되면 집중에 유리한 골든타임으로 볼 수 있어.

'비교적 조용한 시간'
'피곤하지 않은 시간'
'배고프거나 너무 배부르지 않은 시간'
'유혹(TV, 컴퓨터 게임 등)이 적은 시간'

시간 관리

사람은 자신에게 중요하고 의미 있는 일에만 집중할 수 있단다. 예를 들어, 다음 번 시험에서 평균 성적을 5점 올리는 것이 가장 중요한 목표인 친구라면 '최근 환율의 급락으로 인한 반도체 수출에 문제가 생겼다.'거나 '아파트 부녀회에서 주말에 장터를 연다.'는 소식은 별로 관심도 가지 않게 되고 그런 일에 집중할 아무런 필요를 느끼지 못하겠지? 시간 관리를 하게 되면 무엇보다 '오늘 이 시간 나에게 가장 중요한 할 일'이 무엇인지 분명히 알 수 있게 된단다. 만일, 국어 공부를 하면서는 '영어도 해야 되는데⋯.', 수학을 공부 할 때는 '왠지 게임이 하고 싶은데⋯.'라는 생각에 무엇 하나 제대로 끝내지 못하는 친구가 있다면 그것은 지금 자신에게 가장 중요한 일이 무엇인지 제대로 모르기 때문이야. 해야 할 일들, 공부해야 할 것들을 미리 기록해서 우선순위를 정하고 언제 얼마나 할 것인지 계획을 세우는 것은 집중력을 높일 수 있는 중요한 전제조건임을 명심하자.

컨디션 조절하기

오늘 이 시간 나에게
가장 중요한 일부터
계획을 세우는 것이
집중력을 높이는 시간
관리의 조건이란다.

앞에서 집중하는 것을 돋보기를 통해 햇빛을 하나의 초점에 모으는 것이라고 비유했는데, 만일 그 돋보기에 금이 가 있거나 먼지가 뽀얗게 묻어 있다면 제대로 햇빛을 모을 수 있을까? 몸이 피곤하거나 졸리거나 배가 고픈 것처럼 몸의 컨디션이 좋지 않은 것은 준비되지 않은 엉터리 돋보기와 같은 거야. 그런 상태에서는 집중이 잘 되지 않는단다. 옛 조상들의 격언 중에 '선비는 하루에 세 번 자신의 몸을 살핀다.'는 말이 있어. 집중은 '정신력'만으로 이루어지는 것은 아니거든. 규칙적이고 충분한 수면, 적당한 휴식, 균형 있는 영양 섭취를 유지하는 것은 집중을 위해서도 그렇고 성장기에 있는 우리 친구들에게 아주 중요한 부분이란다. 평소에 조금씩이라도 규칙적인 운동을 하게 되면 더 큰 도움이 되겠지?

자, 그럼 집중을 잘하기 위한 이 네 가지 조건을 준비했니? 이러한 것들로 집중력에 큰 도움을 받을 수 있지만, 이것만이 다는 아니란다. 그날의 기분이나, 해야 할 공부에 대한 흥미의 정도, 기초 실력, 주어진 시간의 양 등에 여러 가지 것들이 집중력에 영향을 미칠 수 있기 때문이지. 특히, 시험 기간과 같이 꼭 공부를 해야 하는 때에 집중이 잘 되지 않으면 정말 난감하지? 집중의 준비를 마쳤음에도 집중이 잘 되지 않는다면 다음과 같은 방법을 사용하면 도움이 될 수 있어.

5분 기법

한동안 방을 청소하지 않다가 더 이상 참을 수 없는 지경에 이르러 청소를 하게 될 때가 있지? 기특한 마음에 팔을 걷어붙였지만 여기저기 잔뜩 어질러져 있는 물건들을 보면 '어휴~ 저걸 언제 다 치우지!'라는 한숨이 앞서게 되고, 포기하고 싶은 마음이 밀려들게 마련이야. 하지만 '한 번에 다 치우기는 힘드니까, 일단 책상 위만 정리하자!'라고 생각을 바꾸면 때로 마법 같은 일이 일어나서 청소를 끝까지 마치게 되는 경우가 있단다. 책상 정도는 잠깐의 시간과 노력으로 깨끗이 정리할 수 있는데 그렇게 깨끗해진 책상을 보면 기분도 좋아지고, '뭐야, 해 보니까 별거 아니네. 까짓것! 남은 것도 끝내자.'라는 생각이 들게 되는 것이지. 공부에서도 특히 어렵거나 재미없게 느껴지는 과목을 하려면 시작도 하기 전에 포기하고 싶은 마음이 밀려온단다. 억지로 시작해도 '이걸 언제 다하나!'라는 생각에 집중보다는 걱정과 잡념이 앞서게 되지. 이럴 때는 방청소의 예처럼 '딱 한 문단만' 혹은 '딱 한 문제만' 5분 정도에 끝낼 수 있는 정도만 집중해서 공부하는 것을 목표로 잡아 보는거야. 일단 양이 작기 때문에 부담 없이 할 수 있고, 일단 작은 부분이라도 '하게 되면' 나머지 부분에 대해 도전하고 싶은 마음이 훨씬 커진단다.

집중력을 높여 주는 백색소음을 아세요?

소음이 어떻게 집중력을 높여 주냐고요? 백색소음은 모든 주파수대역에서 같은 에너지 분포를 갖는 소리라고 해요. 환경에 맞도록 조절도 가능하고, 이 음향이 존재하는 공간에서는 주변에서 들려오는 소리를 차단시켜 주는 역할도 가능하다고 합니다. 그러니 주변 소음 때문에 짜증날 일도 없고, 집중력도 높아지는 것이랍니다.

잡생각 휴지통

우리의 마음은 진공 상태가 불가능하기 때문에 집중이 되지 않는다는 것은 그 자리에 무언가 공부와 관련 없는 다른 것이 들어차 있다는 것이야. 엄마에게 혼났거나 친구랑 싸웠거나 다른 근심거리가 생기면 생각하지 않으려 노력해도 자꾸만 생각이 나고 집중이 되지 않을 수 있어. 그럴 때는 억지로 생각을 안 하려 하기보다는 반대로 그 생각을 더 많이, 더 이상 떠오르지 않을 때까지 하면 오히려 도움이 될 수 있단다. 먼저, 깨끗한 종이 한 장을 꺼내 보자. 그리고 어떤 일이 있었는지, 그 일에 대해 어떤 생각이 드는지, 그래서 기분은 어떤지 등을 생각나는 대로 적어 보는 거야. 답답한 마음을 누군가에게 말로 털어놓으면 속이 후련해지듯이 종이 위에 자신의 생각을 쏟아 놓는 것이지. 다 쓰고 나면 속이 시원해지도록 북북 찢어서 거기에 적힌 잡념과 함께 쓰레기통에 버리는 거야. 잡념이여 굿바이!

적당한 휴식

우리가 집중할 수 있는 힘에는 한계가 있어. 집중을 잘한다는 것이 '몇 시간씩이라도 한 자리에서 기둥처럼 꼼짝도 않고 앉아서 하늘이 무너져도 모르는 것'이라고 생각하는 것은 오해란다. 그런 것은 좀 어려운 말로 '몰입 현상'이며 매우 특수한 상황에서나 일어나는 일이야. 매일 해야 하는 공부에서 그렇게 되기는 어렵단다. 대개 청소년의 경우 한 번에 집중할 수 있는 시간은 30~45분 정도이며, 이 시간이 지나면 집중의 힘이 약해지고 우리의 마음은 주변의 새롭고 재미있는 자극을 찾아 나비처럼 나풀나풀 떠다니게 되거든. 그렇기 때문에 중간 중간의 휴식은 집중을 유지하는 데 큰 도움이 된단다. 한 가지 명심할 것은 휴식 시간에 게임을 하거나 침대에 드러누우면 긴장이 끊어지기 때문에 공부를 계속할 수 없게 된다는 거야. 휴식 시간에는 음악을 잠깐 듣거나, 음료를 한 잔 마시거나, 가벼운 맨손 체조를 하는 정도가 도움이 되는 것이고, 긴 휴식이나 놀이는 공부를 다 마치고 신나게 하는 것이 좋단다.

심리학 상식 – "불안할 때 집중이 안 되는 이유"

'불안'은 우리가 흔히 경험하는 '감정'의 일종입니다. 감정은 보통의 생각과 달리 우리 몸과 마음에 어떤 변화를 일으킵니다. 심장이 빨라지기도 하고 숨도 가빠지며 생각은 자꾸만 나쁜 결과에 관련된 것으로 달음박질치게 됩니다. 이것은 아주 불쾌한 느낌이기 때문에 불안해지면 사람들은 거기에서 벗어나고자 어떤 노력을 하게 됩니다.

사실 불안은 우리 조상들이 생명을 보존할 수 있게 만들어 준 아주 고마운 기능 중의 하나입니다. 호랑이가 자주 나타나는 숲 근처를 지나야 할 때, 만일 '불안'이 느껴지지 않으면 과감하게 가로질러 지나갈 수도 있고(그러다 정말로 호랑이가 나타나면 때는 늦었습니다), 무언가 위험한 것이 나타나도 제대로 대비할 수 없게 되겠지요? 오늘날 호랑이는 동물원에서 재미거리로나 볼 수 있는 존재로 바뀌었기 때문에 우리는 호랑이를 봐도 불안해지지는 않습니다(물론, 동물원 우리 안에 갇혀 있을 때 얘기입니다). 하지만 나쁜 결과가 나타날 수 있는 수많은 상황에 처하게 되면 우리 조상들과 똑같은 불안을 느끼게 됩니다. 학생들의 경우 시험 때가 되면 불안을 느낄 수 있는데, 그 이유는 시험의 결과가 제대로 나오지 않아 생길 수 있는 나쁜 결과를 예상하기 때문입니다. 물론, 평소에 충분히 대비하고 미리 공부를 해 둔 사람이라면 불안해야 할 이유가 없습니다. 반면에 걱정은 많이 하면서 실제로 준비한 것이 없는 사람이라면 '나쁜 결과'의 가능성이 커지기 때문에 더 큰 불안을 느낄 수 있는 것이지요.

'불안'이 비록 불쾌한 것이기는 해도, 그것이 느껴져야 앞 일을 준비할 수 있기 때문에 시험 때 불안을 느끼는 것은 나쁜 일만은 아닙니다. 불안하기 때문에 계획을 세우고, 불안하기 때문에 평소에는 절대로 하지 않는 밤샘 공부를 해서라도 시험을 준비하게 되는 것입니다. 하지만 지나친 불안은 집중력을 크게 해칠 수 있습니다. 사람은 불안한 상태가 되면 불안에 관련된 결과나 생각을 통제할 수 없게 됩니다. 9회말 동점인 상황에서 상대 팀 4번 타자를 만나게 된 투수가 '만일 홈런을 맞으면 끝장이다' '나는 패전 투수가 되고 사람들은 나를 비난할 거야.' '더 이상 야구를 할 수 없게 되면 어떻게 하지?'와 같은 불안을 일어나게 만드는 생각을 자꾸 하게 되면 투구에 대한 집중력이 떨어지기 때문에 공은 원하는 방향으로 가기보다 엉뚱한 곳을 향하게 됩니다. 뛰어난 선수들은 그런 상황일수록 불안을 이겨 내고 원래의 기량을 유지할 수 있는 사람들이겠지요. 공부할 때도 마찬가지입니다. 자꾸만 결과에 연연하게 되면 엉뚱한 생각만 자꾸 들기 때문에 정작 집중해야 할 책은 눈에 들어오지 않고 쓸데없는 생각으로 시간을 허비하게 됩니다. 최악의 경우 공부가 아닌 다른 일로 불안을 없애려고 하게 됩니다. 잠이나 게임을 하는 것인데요, 이렇게 되면 당장은 불안에 대한 생각을 잊을 수 있지만, 시간을 많이 허비했기 때문에 결과는 정말로 나쁘게 나올 수 있습니다.

이렇게 지나친 불안은 집중력을 떨어뜨리고 할 수 있는 일조차 제대로 하지 못하게 만듭니다. 최선의 방법은 불안해지지 않도록 계획을 통해 미리 준비하는 것입니다. 이것은 이미 시간관리 방법을 통해 설명한 것인 만큼 꼭 적용해 보기 바랍니다. 또한, 자신을 불안하게 만드는 생각과 알 수 없는 결과에 연연하지 말고 '할 수 있는 일'에 최대한 집중하도록 노력해야 합니다. 세상에서 가장 아름다운 사람은 무엇을 하든 다음과 같이 말할 수 있는 사람이라고 생각합니다.

"결과는 내가 어떻게 할 수 없지만, 난 할 수 있는 만큼 최선을 다 했습니다.
그래서 후회하지 않습니다."

14

수업 중 집중전략

"저는요, 수업을 정말 열심히 듣고 싶은데요, 이상하게 수업 시간만 되면 자꾸 딴생각이 나고 집중이 안 돼요. 노트필기를 해도 집에 와서 보면 무슨 소리인지 하나도 모르겠고, 어떤 때는 숙제가 뭔지도 기억이 안 나고, 숙제를 하려고 해도 수업을 제대로 듣지 않아서 어떻게 해야 할지 모를 때가 있어요. 시험 공부를 할 때도 뭐가 중요한지를 모르니까 너무 힘들어요. 어떻게 해야 하지요?"

수업을 잘 들어야 하는 이유

수업을 잘 들어야 합니다!

　모르는 내용에 대해서 쉽게 이해하고 배울 수 있는 좋은 방법 중의 하나는 그것을 잘 알고 있는 사람에게 말로 설명을 듣는 것이란다. 낯선 곳으로 여행을 떠나서 어떤 목적지에 가고자 할 때, 길을 잘 모르는 사람들은 흔히 그 지역 사람들에게 길을 물어보게 되지. 그 지역을 잘 알고 사람의 설명을 귀 기울여 들으면 처음 가는 길일지라도 헤매지 않고 찾아갈 수 있게 되거든. 우리 친구들은 아직 세상에 대해 배우고 알아야 할 것들이 많이 남아 있단다. 그것을 순서대로 잘 배울 수 있도록 만들어 놓은 것이 바로 학교 수업이지. 가깝게는 좋은 성적을 받기 위해서, 멀게는 미래를 준비하기 위해 수업을 통한 배움의 과정은 중요한 것이란다. 하지만, 앞에서 읽었던 어떤 친구의 고민처럼 수업이 귀에 잘 들어오지 않거나 재미없고 지루하게 느껴질 때도 많이 있을 거야. 같은 수업이라도 어떤 사람은 열심히 듣고 중요한 내용을 이해하는 반면 또 다른 사람은 딴짓만 하고 머리에 남는 게 없다고 하는 이유는 무엇일까? 어떻게 하면 앞에서 고민을 얘기했던 친구와 같이 수업 시간의 집중문제를 해결할 수 있을까? 먼저 수업을 잘 들어야 하는 이유에 대해서 정리해 보도록 하자.

하루 중 가장 많은 시간을 학교에서 보낸다.

앞서 '시간관리 방법'에서 살펴보았던 대로, 시간은 우리의 꿈과 목표를 이루는 데 필요한 가장 중요한 자원이야. 대부분의 친구들은 잠자는 시간을 빼고 가장 많은 시간을 수업에 사용하기 때문에 그 시간을 제대로 활용하지 못한다면 소중한 시간 자원이 그만큼 낭비되는 것이라고 볼 수 있어. 시간을 낭비할수록 꿈과 목표는 멀어진단다.

교과 내용의 이해가 훨씬 더 쉽다.

수업을 통해 선생님의 자세한 설명을 듣게 되면 처음 배우는 내용이라도 비교적 쉽고 빠르게 이해할 수 있어. 만일 수업을 무시하고 혼자 공부하려 하면 선생님의 설명을 들을 때보다 3~4배 정도 더 많은 노력이 필요하단다. 수업을 잘 듣는 것은 이해도 쉽게 할 수 있을 뿐만 아니라 시간도 절약할 수 있는 것이지.

수업을 통한 자연스러운 반복 학습이 가능하다.

때로 학원이나 과외를 통해서 선행학습을 하게 되면 왠지 학교 수업은 시시하고 재미없게 느껴질 수 있어. 하지만 사람의 기억에는 분명한 한계가 있기 때문에 한 번 들은 내용을 100% 정확하게 기억하는 것은 불가하단다. 자만하기 전에, 공부 잘하는 진짜 노하우가 반복과 확실한 이해라는 점을 명심한다면 같은 내용의 수업이라도 새로운 마음으로 들을 수 있겠지.

주의력 산만, 초간단 처방

주의력이 떨어져서 산만하다는 소리를 듣곤 한다고요? 집중하려고 노력해도 자꾸만 주의력이 떨어진다면 건강이 좋지 않다는 신호일지 몰라요. 그럴 땐 시간 나는 대로 손가락과 손바닥을 문지르거나 비벼 보세요. 그러면 오장육부와 심장이 튼튼해져서 뇌도 건강해지고 집중력이 높아진다고 해요.

시험 문제를 잘 예상할 수 있다.

학교 시험의 경우, 시험 문제는 대부분 해당 과목을 가르친 선생님이 직접 출제를 한단다. 출제되는 문제는 거의가 수업 시간에 선생님이 중요하다고 강조했던 내용에서 나오기 때문에 수업 시간에 선생님의 말씀을 주의 깊게 경청하면 시험 문제를 잘 예상할 수 있어.

수업을 집중해서 듣는 것이 왜 중요한지 잘 알겠지? 마음과 생각으로 그것을 받아들였다면 이제는 행동과 태도로 보여 줄 수 있어야 해. 수업 태도는 눈으로 볼 수 있는 행동이기 때문에 이것도 습관의 일종이란다. 그럼, 수업 태도, 수업에 정말로 집중하고 있다는 것은 어떻게 알 수 있을까?

수업을 경청하는 사람의 눈은 대개 수업을 진행하고 있는 선생님을 바라보게 되지. 좋은 공부 환경을 만드는 방법에서 배웠듯이 사람의 집중력은 눈에 보이는 시각적 자극에 의해 쉽게 좌우된단다. 그렇기 때문에 눈은 반드시 내가 집중하고자 하는 대상을 향하고 있어야 해. 이런 행동은 여러 가지 이득을 가져다 줄 수 있는데, 예를 들어, 설명을 하고 있는 선생님의 행동에서 강조를 의미하는 제스쳐를 발견할 수 있다면, 이것은 중요한 내용이고 그만큼 시험에 나올 가능성이 커지는 것이지. 또한, 정면을 집중해서 바라보면 주변에서 누가 엉뚱한 짓을 해도 크게 영향을 받지 않게 된단다. '눈이 가는 곳에 마음이 있다.'는 것을 꼭 명심하기 바란다.

수업을 경청하는 사람의 귀는 선생님의 목소리에만 초점을 맞춘단다. 수업 시간에는 선생님의 목소리만 들리는 것이 아니기 때문에 창밖의 소음이나 주변 친구들의 떠드는 소리에 주의가 흐트러질 수도 있어. 잠시 마음이 다른 것에 빼앗겨도 경청하겠다는 의지와 태도를 가지게 되면 '선택적'으로 선생님의 목소리에만 집중할 수 있게 된단다.

수업을 경청하는 사람의 몸은 대개 허리를 곧게 펴고 집중할 대상으로 향하게 된단다. 허리를 펴게 되면 건강에도 좋은 것은 물론이지만, 약간의 긴장감을 주기 때문에 잡생각이나 졸음을 쫓아 주는 효과도 가져다 줄 수 있어. 참고로, 앉을 때 습관적으로 구부정한 자세를 고치지 않으면 우리 신체에도 문제가 생길 수 있어. 바람이 아주 많이 부는 지역의 나무들은 바람의 방향대로 휘어져 자란단다. 우리 친구들은 한참 몸이 자라나는 시기이기 때문에 구부정한 자세로 계속 앉아 있으면 뼈도 그 자세를 따라서 휘어지거나 틀어지게 되는 것이지. 그렇게 허리와 척추가 구부정해지는 것을 '척추측만증'이라고 불러. 일단 그렇게 되어 버리고 나면 한참 동안 교정기를 몸에 차고 다녀야 치료가 되고, 키도 원래보다 작아지고, 오래 앉아 있으면 남들보다 훨씬 피로감을 느끼게 된단다. '바른 마음에 바른 자세가 따라 간다.'는 것을 명심하자.

마지막으로 수업을 경청하는 사람의 손은 필기구를 쥐고 항상 필기할 준비를 하고 있단다. 필기를 하는 행동 자체가 집중력을 높여 주기도 하지만, 아무리 주의 깊게 들어도 한 번 들은 내용을 모두 기억할 수는 없기 때문에, 경청하는 동안에는 필기 준비를 습관적으로 하고 있어야 해. 특히, 수업 시간에 선생님이 강조하는 부분이나, 시험에 나올 만한 중요한 부분이 있다면 노트에 표시를 해 놓아야 한단다.

간혹 수업을 열심히 듣고 싶어도, 내용이 어렵거나 기초 실력이 부족해서 도통 귀에 들어오지 않는 경우가 있어. 겉으로는 "선생님이 지루해요." "수업이 원래 재미 없어요." "졸려요." 등 갖가지 평계를 대지만 수업에 흥미를 못 느끼는 원인은 자신이 제대로 준비를 안 했기 때문이란다. 이해가 되지 않기 때문에, 머릿속에는 자신도 모르게 잡생각이 피어나기 쉽고, 지루한 수업보다는 옆 친구와 떠드는 것이 훨씬 재미있게 느껴지는 것이지. 더 큰 문제는 무엇이 더 중요한 것인지 구분되지 않기 때문에 노트필기를 해도 나중에 보면 무슨 소리인지 알기 어려울 때가 있다는 거야. 이런 경우에는 수업 전에 '나만의 수업', 즉 예습을 통해 수업을 제대로 들을 수 있는 기본적인 준비를 해 놓아야 한단다.

수업을 준비하자

　많은 친구들이 예습을 오랜 시간을 들여서 배울 내용을 꼼꼼하게 모두 살펴보는 것으로 오해하는 경우가 있는 것 같아. 그렇지 않단다. 예습은 간단하게 하는 것이 좋은 것이고 실제로 간단하게 하는 방법도 얼마든지 있단다. 다음에 있는 내용들은 한 과목의 예습을 10분 이내에 끝마칠 수 있게 도와주는 방법들이야.

목차를 통한 예습
목차를 살펴보면 전체 내용의 제목들이 번호에 맞게 정리되어 있어. 이러한 '제목'들은 그날 배우게 될 내용의 가장 간단한 요약이며 동시에 가장 핵심적인 개념이기도 하지. 먼저 제목에 포함되어 있는 낱말이나 용어의 뜻을 찾아봄으로써 제목과 친해지는 것만으로도 훌륭한 예습이 될 수 있단다.

의문점 만들기
목차를 활용해서 할 수 있는 또 다른 예습 방법은 질문을 만들어 보는 것이란다. 목차를 살피다 보면 들어본 개념이나 용어도 있지만, 전혀 생소한 것들도 포함되어 있을 거야. 친숙한 것과 새로운 것, 아는 것과 모르는 것을 구분하며 새로운 개념을 표시하고 '?'를 붙여 의문점을 만들면 그 답을 찾으려는 노력이 수업 시간에 일어나게 된단다.

그림과 도표 살펴보기

본문의 내용을 한눈에 알아보기 쉽게 정리한 것이 그림과 도표란다. 비교적 짧은 시간 안에 많은 부분을 예습하는 데 충분한 도움을 줄 수 있어.

요약 읽기

대개 단원의 맨 앞이나 뒷부분에는 본문의 전체 내용을 간단히 요약한 부분이 있어. 잘 이해가 되지 않을 수 있지만, 천천히 전체 내용을 기본적인 틀을 만드는 기분으로 읽으면 큰 도움이 된단다.

자동차를 타고 도로를 달리다 보면 길가에 여러 가지 표지판이 서 있는 것을 볼 수 있지? 이러한 표지판은 안전하게 도로를 달리는 데 필요한 '중요한' 정보를 제공해 주는 역할을 하는데, 수업을 듣는 동안에도 중요한 것이 무엇인지 알 수 있도록 해 주는 표지판이 있단다. 다만, 수업 시간의 표지판은 길가에 서 있는 도로 표지판과 달리 선생님의 말이나 행동 속에서 들어 있기 때문에 스스로 찾아내야만 해. 선생님이 다른 내용과 달리 특별히 강조하는 것은 그것이 보다 더 중요하고, 그만큼 시험에 나올 가능성이 높다는 일종의 표지판 역할을 하는 것이지. 예를 들면, 다음과 같은 것들이 있어.

- "중요한 내용이니까 잘 기억해라."
- "다음 내용은 별 표를 하도록!"
- "한 번 더 설명한다."
- "꼭 적어 놓도록 해라."

> 수업을 알차게 만드는 또 하나의 준비는 주변을 정리하는 일이에요. 쉬는 시간 내내 놀다가 종이 치고 난 후, 허겁지겁 앉지 말고, 조금 일찍 앉아서 수업을 준비해 보세요. 그 시간에 배울 교과서를 미리 펴놓거나 준비물을 챙겨 놓는 거예요. 그러면 마음이 차분해지고 선생님 말씀도 귀에 더 잘 들어온답니다.

> 수업 시간에 정확하게
> 이해가 안 되는
> 부분이 있다면 어떻게
> 해야 할까요? 그땐
> 바로 질문을 해야
> 해요. 손을 들고
> 선생님께 내가 모르는
> 부분을 정확히
> 물어본 후 확실히
> 이해하고 넘어가는
> 것이 좋아요. 만약
> 수업에 방해가 되는
> 것 같다면 수업이
> 끝난 후 질문을
> 해야겠죠?

- "저번 시간에 배웠던 내용 중에서 기억해야 할 것은…"
- "이제까지의 내용을 다섯 가지 정도로 정리할 수 있다."
- 이전보다 크고 단호한 목소리로 설명하는 내용
- 여러 사람에게 질문을 던지는 내용

수업을 듣다가 선생님의 말씀이나 행동 속에서 이러한 것들이 발견되면 노트에 따로 표시를 해야 해. 표시할 때는 그 중요한 정도에 따라 ★ (중요), ★★ (매우 중요), ★★★ (시험에 꼭 나옴)과 같이 표시해 주면 더 효과적이란다. 이렇게 중요한 것과 그렇지 않은 것이 잘 표시되어 있는 노트나 프린트물을 가지고 있으면 시험공부를 할 때 큰 도움을 받을 수 있어.

심리학 상식 – "선생님이 싫을 때 그 과목도 싫어지는 이유"

담임 선생님 외에도 학교에서는 여러 선생님들을 만날 수 있습니다. 그중에는 유난히 좋은 감정이 생기는 선생님도 있고, 이상하게 껄끄럽고 불편한 느낌을 받는 선생님도 있습니다. 그런데 한 가지 재미있는 사실이 있습니다. 친구들과 얘기하다 보면 내가 싫다고 느끼고 있는 선생님을 어떤 친구는 정말(혹은 제일) 좋은 선생님이라고 말하는 경우입니다. 이럴 때 누구 말이 맞는지 따지는 것은 별로 의미가 없습니다. 왜냐하면 같은 선생님이라도 보는 학생들의 관점에 따라 다르게 평가되고 느껴지기 때문이지요. 이런 일은 여러분에게도 마찬가지로 일어날 수 있다는 점을 생각해 볼 필요가 있습니다. 나를 좋게 봐 주는 친구도 있지만, 의도하지 않게 나를 아주 나쁘게 평가하는 사람도 생길 수 있으니까요. 대인관계는 이렇게 한쪽의 특징 때문에 일방적으로 만들어지는 것이 아닙니다. 내 입장이나 관점 그리고 상대방의 특징이나 행동이 서로 영향을 주고받으며 만들어지는 것입니다.

누군가에 대한 평가는 마치 색안경과 같습니다. 파란 안경을 쓰면 모든 사람이 다 파란 것처럼 보이고 빨간 안경을 쓰면 모두가 빨갛게 보입니다. 마음에 색안경을 쓰게 되면 그 안경의 색에 맞게 그렇지 않은 일까지도 그렇다고 느껴지게 되는 것입니다. 누군가 별 뜻 없이 툭 던진 말도 내가 싫어하는 사람이 한 말이면 우리는 더 기분 나쁜 쪽으로 생각하게 됩니다. 싫어하는 선생님의 수업 시간이 되면 남들은 재미있게 듣는 부분도 자신에게는 재미없고 어려운 것으로 보이게 됩니다. 다른 친구들이 깔깔거리며 웃을 수 있는 유머도 나에게는 썰렁한 얘기로밖에 들리지 않습니다. 결국 어렵고 지루한 과목을 내가 싫어하는 선생님이 참 못 가르치는 것으로 느껴지게 됩니다. 선생님 싫다고 혼자 스트레스받고, 수업 시간에 딴짓하고, 공부는 소홀히 하고, 성적은 낮아지고 잃는 게 한두 가지가 아닙니다.

이런 일에서 손해를 보는 것은 선생님도 친구들도 아닌 오직 자기 자신뿐입니다. 잠시 색안경을 벗어 봐야 합니다. 내가 그 선생님을 싫어하는 이유가 과연 옳은 것인지 곰곰이 생각할 기회를 가져 보세요. 모든 사람은 동전의 양면과 같이 장점과 단점이 있게 마련입니다. 이제까지 싫은 점과 단점만을 봐 왔다면 그 사람의 장점과 긍정적인 면은 무엇이 있는지 한 번 생각해 봅시다. 남의 장점을 발견할 수 없는 사람은 자신의 장점도 잘 찾을 수 없답니다. 그리고 그 사람에 대한 나의 느낌과 그 과목을 공부하는 것은 전혀 별개의 것이라는 것을 명심하면 수업을 잘 활용하는 데에도 도움이 될 수 있습니다.

저자 소개

박동혁(Park Dong Hyuck)

아주대학교 심리학과에서 학습과 정신건강에 대한 주제로 임상심리학 석사와 박사 학위를 취득했고, 아주학습능력개발연구실(ALADIN)을 운영하였다. 이후 심리학습센터 '마음과 배움' 원장, 심리상담센터 '허그맘' 대표원장을 역임하며 아동·청소년 문제를 다루는 현장 심리학자로 활동하였다. 현재는 아주대학교 교육대학원 겸임교수, 원광디지털대학 심리학과 초빙교수로 재직 중이며, '학습심리' '진로상담' '행동수정' '이상심리' '심리치료' 등의 과목을 강의하고 있다. 이 외에 각급 교육청 및 상담 기관을 대상으로 학습, 인성, 진로에 대한 강연을 진행하고 있다. 대표 저서로는 『MLST 학습전략검사』(인싸이트, 2014), 『MindFit 인성건강검사』(인싸이트, 2014), 『LAMP 워크북 시리즈』(학지사, 2014), 『KMDT 진학진단검사』(인싸이트, 2012) 등이 있다.

그림

유인주(Yoo In Joo)

일러스트레이션을 전공하였으며, 『탕탕탕! 통과되었습니다』(아이앤북, 2014), 『지리로 지구 한 바퀴』(아이앤북, 2013), 『단무지』(아이앤북, 2010), 『묻고 답하는 수학카페』(북멘토, 2009), 『생각을 올려주는 7가지 동화』(주니어김영사, 2007), 『다시 읽는 어린왕자』(아래아, 2006), 『특종 최강 공부법』(웅진, 2006), 『세계 역사 첫발 1, 2』(문공사, 2005) 등의 책에 어린이 그림을 그렸다. 또한 월간 『생각쟁이』 『좋은생각』 등의 잡지에 그림을 연재하였고, 두산동아, 비상교육 등의 초중등 교과서 일러스트 작업을 하였다.

청소년 램프 학습법

Learning Skills for Adolescents

2017년 6월 15일 1판 1쇄 인쇄
2017년 6월 20일 1판 1쇄 발행

지은이 • 박동혁
펴낸이 • 김진환
펴낸곳 • (주) **학지사**

04031 서울특별시 마포구 양화로 15길 20 마인드월드빌딩
대표전화 • 02)330-5114   팩스 • 02)324-2345
등록번호 • 제313-2006-000265호

홈페이지 • http://www.hakjisa.co.kr
페이스북 • https://www.facebook.com/hakjisabook

ISBN 978-89-997-1282-1 03370

정가 13,000원

이 도서의 국립중앙도서관 출판시도서목록(CIP)은 서지정보유통지
원시스템 홈페이지(http://seoji.nl.go.kr)와 국가자료공동목록시스템
(http://www.nl.go.kr/kolisnet)에서 이용하실 수 있습니다.
(CIP제어번호: 2017012223)

교육문화출판미디어그룹 **학지사**
심리검사연구소 **인싸이트** www.inpsyt.co.kr
원격교육연수원 **카운피아** www.counpia.com
학술논문서비스 **뉴논문** www.newnonmun.com